中华人民共和国内河船舶船员适任培训和考试大纲熟悉训练资源

船舶避碰与信号

（船长/驾驶员）

大连海事大学交通运输教材研究所 组织编写

大连海事大学出版社

图书在版编目(CIP)数据

船舶避碰与信号：船长/驾驶员 / 中国海事服务中心编. — 大连：大连海事大学出版社，2021.2(2025.7 重印)
中华人民共和国内河船舶船员适任培训和考试大纲熟悉训练资源
ISBN 978-7-5632-4134-7

Ⅰ. ①船…　Ⅱ. ①中…　Ⅲ. ①船舶航行—避碰规则—技术培训—教材②船舶航行—信号—技术培训—教材
Ⅳ. ①U692.1②U675.3

中国版本图书馆 CIP 数据核字(2021)第 029543 号

大连海事大学出版社出版

地址:大连市黄浦路523号　邮编:116026　电话:0411-84729665(营销部)　84729480(总编室)
http://press.dlmu.edu.cn　E-mail:dmupress@dlmu.edu.cn

大连金华光彩色印刷有限公司印装　　大连海事大学出版社发行

2021 年 2 月第 1 版　　2025 年 7 月第 6 次印刷
幅面尺寸:184 mm×260 mm　　字数:271 千　　印张:11

出版人:余锡荣

责任编辑:李继凯　　责任校对:张　冰　陈青丽
封面设计:解瑶瑶　　版式设计:解瑶瑶

ISBN 978-7-5632-4134-7　　定价:33.00 元

前 言

为进一步提升内河船舶船员培训质量,提高船员实操能力,打造高素质船员队伍,交通运输部颁布了《内河船舶船员适任培训和考试大纲(2019版)》。

为更加有效地配合内河船舶船员培训,帮助考生顺利通过考试,大连海事大学交通运输教材研究所在深入解读《内河船舶船员适任培训和考试大纲(2019版)》的基础上,研究部海事局公布的大纲训练资源,针对内河船舶船员考试特点,组织编写了本套"中华人民共和国内河船舶船员适任培训和考试大纲熟悉训练资源"(以下简称"内河训练资源")。

"内河训练资源"分为驾驶专业、轮机专业和培训合格证三部分,其中:

- 驾驶专业
  《船舶避碰与信号》(船长/驾驶员)
  《船舶驾驶与管理》(二、三类船长/驾驶员)
  《船舶操纵、航道与引航、船舶管理》(一类船长)
  《船舶操纵、航道与引航、船舶管理》(一类大副)
  《船舶操纵、航道与引航、船舶管理》(一类二/三副)
- 轮机专业
  《主推进动力装置、船舶辅机与电气、机舱管理》(一类大管轮)
  《船舶动力装置、轮机管理》(二类轮机长)
  《船舶动力装置、轮机管理》(二、三类轮机员)
  《主推进动力装置、船舶辅机与电气、机舱管理》(一类轮机长)
  《主推进动力装置、船舶辅机与电气、机舱管理》(一类三管轮)
- 培训合格证
  《内河船舶船员培训合格证训练指南Ⅰ》
  《内河船舶船员培训合格证训练指南Ⅱ》

"内河训练资源"具有针对性强、实用性强的特点,是内河船舶船员参加适任考试、培训必不可少的参考书。

"内河训练资源"的出版,得到了中国海事服务中心的大力支持,在此表示感谢。在丛书的编写过程中得到各海事管理机构、航运院校、内河船员培训机构、航运企业等单位的关心和帮助,特致谢意。

大连海事大学交通运输教材研究所
2020年12月

扫码学习《深入学习贯彻党的二十大精神　加快建设交通强国当好中国式现代化开路先锋》

目　录

第一章　适用范围…… 1
第一节　避碰规则的宗旨…… 1
第二节　避碰规则的适用范围…… 1
第三节　特别规定…… 1
参考答案…… 2
第二章　责任…… 4
第一节　船舶、排筏及其所有人、经营人的责任…… 4
第二节　船员的责任…… 5
第三节　背离规则…… 6
参考答案…… 7
第三章　定义…… 9
参考答案 …… 13
第四章　正规瞭望 …… 14
第一节　瞭望的含义 …… 14
第二节　瞭望的方法 …… 15
第三节　瞭望的目的 …… 19
参考答案 …… 19
第五章　安全航速 …… 20
第一节　安全航速的含义 …… 20
第二节　决定安全航速的因素 …… 22
第三节　避免浪损的措施 …… 24
第四节　不能免责的规定 …… 26
参考答案 …… 27
第六章　航行原则 …… 28
第一节　不同通航水域的航行原则 …… 28
第二节　分道通航、定线制的水域航行原则…… 30
参考答案 …… 31
第七章　避让原则 …… 33
第一节　一般原则 …… 33
第二节　让路船与被让路船的行动 …… 36
第三节　长江干线客渡船 …… 46
参考答案 …… 47

第八章　避让行动 …… 48
第一节　机动船相遇 …… 48
第二节　机动船、人力船、帆船、排筏相遇 …… 105
参考答案 …… 107
第九章　能见度不良时的行动及其他 …… 109
第一节　能见度不良时的行动 …… 109
第二节　靠、离泊 …… 117
第三节　停泊 …… 120
第四节　渔船捕鱼 …… 121
第五节　失去控制的船舶 …… 122
参考答案 …… 123
第十章　船舶信号的识别与运用 …… 125
第一节　号灯和号型 …… 125
第二节　声响信号 …… 143
第三节　遇险信号 …… 152
第四节　常用国际信号旗 …… 153
参考答案 …… 155
第十一章　多媒体试题 …… 157
第一节　规则第 5 条所列用语的定义 …… 157
第二节　正规瞭望 …… 158
第三节　安全航速 …… 158
第四节　航行原则 …… 158
第五节　避让原则 …… 158
第六节　避让行动 …… 159
第七节　能见度不良时的行动及其他 …… 167
参考答案 …… 168

第一章　适用范围

第一节　避碰规则的宗旨

1. 制定《内河避碰规则》的宗旨是________。
①维护水上交通秩序;②防止碰撞事故;③保障人民生活、财产的安全
A. ①②③　　B. ②③
C. ①③　　D. ①②

2. 制定《内河避碰规则》的宗旨是________。
①维护水上交通秩序;②防止碰撞事故;③保障人民生活、财产的安全;④保护水上环境
A. ①②③④　　B. ②③④
C. ①③④　　D. ①②③

第二节　避碰规则的适用范围

1.《内河避碰规则》适用的水域是指中华人民共和国境内________。
A. 水库
B. 感潮河段
C. 湖泊、平流水域
D. 江河、湖泊、水库、运河等通航水域及其港口

2.《内河避碰规则》适用的船舶包括________。
①政府公务船;②军舰;③渡船;④水上飞机
A. ①②③④　　B. ②③④
C. ①③④　　D. ①②③

第三节　特别规定

1.《长江三峡库区船舶定线制规定》属于《中华人民共和国内河避碰规则》的特别规定。
A. 对　　B. 错

2.《内河分道通航规则》不属于《中华人民共和国内河避碰规则》的特别规定。
A. 对　　B. 错

3.《内河避碰规则》规定,根据辖区的具体情况制定的特别规定的批准权属________。
A. 各省、自治区、直辖市的海事机构　　B. 中华人民共和国交通运输部
C. 各级海事机构　　D. 地方人民政府

4. 按《内河避碰规则》第四条(特别规定)规定,________根据辖区的具体情况有权制定包括分道通航等有关交通管制的特别规定。

①各省、自治区、直辖市的海事机构;②各市海事机构;③辖区有内河的沿海海事机构;④长江海事局;⑤黑龙江海事局

A. ①②③⑤　　B. ①④⑤

C. ①③④⑤　　D. ①②③④⑤

5. 特别规定的制定和实施是对特定航段船舶航行和避让行为的进一步规范和约束。

A. 对　　B. 错

6. 船舶、排筏进入某实施特别规定的区域,应________。

A. 只遵守《中华人民共和国内河避碰规则》

B. 只遵守特别规定

C. 除遵守《中华人民共和国内河避碰规则》外,还应遵守特别规定,《中华人民共和国内河避碰规则》优先

D. 除遵守《中华人民共和国内河避碰规则》外,还应遵守特别规定,特别规定优先

7. 在制定有特别规定的内河通航水域,不适用《中华人民共和国内河避碰规则》。

A. 对　　B. 错

8. 在同一水域同一事项中,当特别规定与《中华人民共和国内河避碰规则》不一致时,优先执行《中华人民共和国内河避碰规则》。

A. 对　　B. 错

9. 在制定有特别规定的内河通航水域,仍适用《中华人民共和国内河避碰规则》。

A. 对　　B. 错

10. 下列哪个说法是正确的?

A. 特别规定的制定不受《内河避碰规则》的限制

B. 特别规定的制定必须经过《内河避碰规则》的授权

C. 特别规定不能与《内河避碰规则》产生冲突

D. 特别规定的制定与《内河避碰规则》没有关系

11. 下列哪个说法是正确的?

A. 在有特别规定的水域,也必须要严格遵守《内河避碰规则》的各条规定,《内河避碰规则》更重要

B. 特别规定未尽事宜可以参照执行《内河避碰规则》

C. 在有特别规定的水域,就无须遵守《内河避碰规则》

D. 在同一水域同一事项中,特别规定比《内河避碰规则》优先适用

第一节　避碰规则的宗旨

1. A　　2. D

第二节　避碰规则的适用范围

1. D　2. A

第三节　特别规定

1. A　2. B　3. B　4. C　5. A　6. D　7. B　8. B　9. A　10. B
11. D

第二章　责任

第一节　船舶、排筏及其所有人、经营人的责任

1.《中华人民共和国内河避碰规则》各条不免除________的疏忽所产生的各种后果的责任。
①船舶所有人；②船舶经营人；③船员
A. ①②　　B. ①③
C. ②③　　D. ①②③

2.《中华人民共和国内河避碰规则》第三条责任条款，适用的对象有________。
①船舶、排筏；②船舶、排筏经营人；③船长；④引航员；⑤船舶、排筏所有人
A. ①②③④⑤　　B. ②③④
C. ②③⑤　　D. ③④⑤

3. 下列主体中，________应当对自己的疏忽产生的后果负责。
①船舶；②排筏；③船舶所有人；④船舶经营人；⑤船员；⑥引航员
A. ③④⑤⑥　　B. ①②③④⑤⑥
C. ①②③④⑤　　D. ①③④⑤⑥

4. 由于值班驾驶员在避让操纵中的过失，导致碰撞的发生，根据责任条款，________。
A. 由值班驾驶员自行承担碰撞导致的一切责任
B. 由于值班驾驶员是船东的雇佣人员，因而，应由船东承担一切责任
C. 由于值班驾驶员是船长的代表，因而，应由船长承担一切责任
D. 船舶、排筏及其所有人、经营人、船员应当各自承担相应责任

5. 关于《中华人民共和国内河避碰规则》责任条款中有关疏忽规定的适用对象，下列说法正确的是________。
A. 船舶或船舶所有人如果没有过错，则不适用
B. 船长如果不在驾驶台或没有过错，则不适用
C. 适用于船舶、船舶所有人、经营人、船员
D. 仅适用于当事船员

6. 船舶经营人对遵守《中华人民共和国内河避碰规则》各条的疏忽而产生的后果，以及对船员通常做法所要求的或者当时特殊情况要求的任何戒备上的疏忽而产生的后果应当负责。
A. 对　　B. 错

第二节　船员的责任

1. 船员对遵守《中华人民共和国内河避碰规则》各条的疏忽而产生的后果，以及对船员通常做法所要求的或者当时特殊情况要求的任何戒备上的疏忽而产生的后果应当负责。

A. 对　　B. 错

2. 某船在雾中航行仅用雷达瞭望而放弃用视觉瞭望导致碰撞，这属于________。

①对遵守《中华人民共和国内河避碰规则》各条的疏忽；②对船员通常做法所要求的任何疏忽；③对当时特殊情况要求的任何戒备上的疏忽；④船员培训的疏忽

A. ①　　B. ②

C. ③　　D. ④

3. 航行中船舶未使用安全航速而发生碰撞事故，应属于________。

A. 对遵守《中华人民共和国内河避碰规则》各条款的任何疏忽

B. 对船员通常做法的要求的疏忽

C. 对当时特殊情况要求的疏忽

D. 其他疏忽

4. 船舶未显示号灯或号型属于对遵守《中华人民共和国内河避碰规则》各条的疏忽。

A. 对　　B. 错

5. 船舶离泊时由于没有注意观察周围环境和来船动态，与他船发生碰撞，这属于________。

A. 对遵守《内河避碰规则》各条的疏忽

B. 对船员通常做法所要求的任何戒备上的疏忽

C. 对当时特殊情况要求的任何戒备上的疏忽

D. 对遵守公司规定的疏忽

6. 当背离的条件具备时，没有果断地采取背离行动，导致与他船发生了碰撞，这属于________。

A. 对遵守《内河避碰规则》各条的疏忽

B. 对船员通常做法所要求的任何疏忽

C. 对当时特殊情况要求的任何戒备上的疏忽

D. 当事人不够果断造成了一定的疏忽

7. 备有雷达设备的船舶在雾中航行，未鸣放规定的雾号而导致船舶碰撞的发生，应属于________。

A. 对遵守《中华人民共和国内河避碰规则》各条的疏忽

B. 对船员通常做法可能要求的任何疏忽

C. 对特殊情况可能要求的任何戒备上的疏忽

D. 对遵守《中华人民共和国内河船舶船员值班规则》各条的疏忽

8. 能见度不良时锚泊船没有注意他船的动态，没有鸣放相应的雾号，属于________。

A. 对遵守《中华人民共和国内河避碰规则》各条的疏忽

B. 对船员通常做法可能要求的任何疏忽

C. 对特殊情况可能要求的任何戒备上的疏忽

D. 对遵守《中华人民共和国内河船舶船员值班规则》各条的疏忽

9. 在避让过程中，驾驶员相互交接班的做法，属于________。
①对遵守《中华人民共和国内河避碰规则》的疏忽；②对船员通常做法所要求的疏忽；③对当时特殊情况要求的任何戒备上的疏忽；④船员培训的疏忽
A. ①　　B. ②
C. ③　　D. ④

10. 在通航密度较大的水域航行，船长未上驾驶台监航或操作导致碰撞事故的发生，这是________。
A. 对船员通常做法可能要求的任何疏忽
B. 对特殊情况可能要求的任何戒备上的疏忽
C. 对遵守《中华人民共和国内河避碰规则》各条的疏忽
D. 船长缺乏应有的责任心

11. 船员不熟悉船舶的反移量，导致船舶与码头发生碰撞，这属于________。
A. 对遵守《内河避碰规则》各条的疏忽
B. 对船员通常做法所要求的任何疏忽
C. 对当时特殊情况要求的任何戒备上的疏忽
D. 训练不到位造成的疏忽

12. 对主机、舵机、操舵系统突然故障缺乏戒备，这属于________。
A. 对遵守《中华人民共和国内河避碰规则》各条的疏忽
B. 对船员通常做法所要求的任何戒备上的疏忽
C. 对当时特殊情况要求的任何戒备上的疏忽
D. 对遵守船员值班规则的疏忽

13. 船舶舵机失灵，没有及时开启应急舵，导致与他船发生碰撞，这属于________。
A. 对遵守《内河避碰规则》各条的疏忽
B. 对船员通常做法所要求的任何疏忽
C. 对当时特殊情况要求的任何戒备上的疏忽
D. 训练不到位造成的疏忽

第三节　背离规则

1. 背离规则的条件是________。
A. 危险确实存在
B. 危险必须是紧迫的
C. 背离是合理的
D. 紧迫危险确实存在，且背离是合理而必要的

2. 若已构成紧迫危险，船舶可以背离规则的________。
A. 所有各条
B. 除号灯、号型、声响和灯光信号外的其他任何各条
C. 避让行动的个别条款
D. 有关瞭望条款的规定

3. 船舶在________可以采取背离规则的行动。

A. 两船已逼近时　　B. 两船已处于紧迫局面时

C. 两船已处于紧迫危险时　　D. 特殊情况下

4. 下列关于背离规则的说法错误的是________。

A. 未发生碰撞,背离行动才是合理的　　B. 背离规则是有严格的条件限制的

C. 背离规则是短时间的局部的行动　　D. 背离规则是遵守规则的良好体现

5. 不论由于何种原因,两船已逼近或者已处于紧迫局面时,________应果断地采取最有助于避碰的行动,包括在紧迫危险时背离《中华人民共和国内河避碰规则》,以挽救危局。

A. 让路船　　B. 被让路船

C. 任何一船　　D. 机动船

6. 不论由于何种原因,两船已逼近或者已处于紧迫局面时,________果断地采取最有助于避碰的行动。

A. 让路船都应当　　B. 被让路船都应当

C. 上行船或者逆流船都应当　　D. 任何一船都应当

7. 下列名词,按照危险程度由低到高排列正确的是________。

A. 碰撞危险、紧迫危险、紧迫局面　　B. 紧迫局面、碰撞危险、紧迫危险

C. 紧迫危险、紧迫局面、碰撞危险　　D. 碰撞危险、紧迫局面、紧迫危险

8. "碰撞危险"的含义是________。

A. 两船接近到单凭一船的行动已经不能避免碰撞

B. 两船相距已经不到一船用满舵避让时的进距

C. 一般的不安全因素或者潜在的碰撞可能性

D. 两船距离接近到单凭一船的行动已不能在安全距离内驶过

9. 不论由于何种原因,在________,两船均应采取最有助于避碰的行动。

①两船已逼近紧迫局面时;②两船已处于紧迫局面时;③两船存在碰撞危险时

A. ①③　　B. ②③

C. ①②　　D. ①②③

参考答案

第一节　船舶、排筏及其所有人、经营人的责任

1. D　　2. A　　3. B　　4. D　　5. C　　6. A

第二节　船员的责任

1. A　　2. A　　3. A　　4. A　　5. A　　6. A　　7. A　　8. A　　9. B　　10. A

11. B　　12. C　　13. C

第三节　背离规则

1. D　2. C　3. C　4. A　5. C　6. D　7. D　8. C　9. C

第三章　定义

1. “帆船”是指任何正在驶帆的船舶,包括装有推进器而________使用者。
   A. 长时间在　　B. 不在
   C. 开始　　D. 短暂
2. “感潮河段”是指________。
   A. 受潮汐影响明显的河段
   B. 由沿海各省、自治区、直辖市海事机构及黑龙江海事局划定的河段
   C. 沿海各省、自治区、直辖市海事机构及长江海事局划定的受潮汐影响明显的河段
   D. 沿海各省、自治区、直辖市海事机构及黑龙江海事局划定的受潮汐影响明显的河段
3. 在《中华人民共和国内河避碰规则》第五条“定义”中,“叉河口”一词是指________。
   A. 与本河同出一源的叉河道与本河的汇合处
   B. 不与本河同出一源的支流与本河的汇合处
   C. 与本河同出一源的叉河道与本河的分合处
   D. 不与本河同出一源的支流与本河的分合处
4. 受潮汐影响的河段并非都属于感潮河段。
   A. 对　　B. 错
5. 正在驶帆和使用机器推进的船舶不属于帆船。
   A. 对　　B. 错
6. “船舶长度”是指船舶的总长度。
   A. 对　　B. 错
7. 与干流不同出一源的支流与干流的汇合处是干、支流交汇水域。
   A. 对　　B. 错
8. 两条河道交汇处叫叉河口。
   A. 对　　B. 错
9. 在《内河避碰规则》第五条“定义”中,“船舶”一词是指________。
   A. 除科学考察船、军舰以外的一切用作水上运输的工具,但不包括排筏
   B. 从事水上运输任务的各类船筏
   C. 各种船艇、移动式平台、水上飞机和其他水上运输工具,也包括排筏
   D. 包括公务船在内的一切用作水上运输的工具,但不包括排筏
10. “船舶长度”是指船舶的________。
   A. 龙骨长度　　B. 两柱间长
   C. 设计长度　　D. 总长度
11. 在《中华人民共和国内河避碰规则》第五条“定义”中,“干支流交汇水域”一词是指________。

A. 与本河同出一源的叉河道与本河的汇合处

B. 不与本河同出一源的支流与本河的汇合处

C. 江心洲洲头、洲尾的相关水域

D. 与本河同出一源的叉河道与本河的分合处

12. 在《中华人民共和国内河避碰规则》第五条“定义”中，“横越”一词应包括船舶________。

①由航道一侧横向驶向另一侧；②由航道一侧接近横向驶向另一侧；③横向驶过顺航道行驶船舶的船首方向

A. ①②　　B. ①③

C. ②③　　D. ①②③

13. 下列哪种船舶属于“非自航船”？

A. 趸船　　B. 帆船

C. 人力船　　D. 机动船

14. 在《中华人民共和国内河避碰规则》第五条（定义）中，“拖船”一词应包括________。

①正在从事吊拖的机动船；②正在从事顶推的机动船；③正在从事旁拖的机动船

A. ①②　　B. ①③

C. ②③　　D. ①②③

15. “能见度不良”应包括________。

①由于雾的原因而使能见度受到限制的情况；②由于暴风雨的原因而使能见度受到限制的情况；③由于沙暴的原因而使能见度受到限制的情况

A. ①②　　B. ①③

C. ②③　　D. ①②③

16. 某船用帆行驶，同时用机器推进，该船是《中华人民共和国内河避碰规则》中的________。

A. 在航帆船　　B. 在航机帆船

C. 在航机动船　　D. 在航非自航船

17. 下列哪些属于“非自航船”？

①趸船；②驳船；③移动式平台；④人力船、帆船

A. ①②③④　　B. ①②③

C. ②③④　　D. ①②④

18. 在船队中必有拖船的存在，否则就不能叫船队。

A. 对　　B. 错

19. “机动船”是指任何装有推进器的船舶。

A. 对　　B. 错

20. 任何原因致使两船无法用视觉相互看见的情况，属于能见度不良。

A. 对　　B. 错

21. 在《中华人民共和国内河避碰规则》第五条（定义）中，“能见度不良”是指________。

A. 任何原因致使两船无法用视觉相互看见的情况

B. 由于雾、霾、雪、暴风雨、沙暴等原因而使能见度受到限制的情况

C. 在弯曲航段的两船被居间障碍物遮蔽而相互看不见的情况

D. 夜间天气漆黑使能见度受到限制的情况

22. 在《中华人民共和国内河避碰规则》第五条“定义”中,“机动船”一词是指________。
A. 任何装有推进器的船舶　B. 所有运输船舶
C. 正在用机器推动的船舶　D. 用机器推动的船舶
23. 下列哪个属于“非自航船”?
A. 驳船　B. 渔船
C. 帆船　D. 排筏
24. 在下列原因中,________可使能见度受到限制,但不属于能见度不良。
A. 夜间漆黑　B. 焚烧秸秆
C. 下雪　D. 沙暴
25. 在《中华人民共和国内河避碰规则》第五条“定义”中,“非自航船”包括________等本身没有动力推动的船舶。
①趸船;②驳船;③移动式平台;④人力船、帆船
A. ①②③④　B. ①②③
C. ②③④　D. ①③④
26. 在《中华人民共和国内河避碰规则》第五条“定义”中,“拖船”是指从事________的任何机动船。
①吊拖;②顶推;③旁拖
A. ①②　B. ①③
C. ②③　D. ①②③
27. 确定航路的依据是________。
①河流客观规律;②交通管制河段的特定航路;③某些航道的分道航行规定
A. ①②　B. ②③
C. ①③　D. ①②③
28. 在《中华人民共和国内河避碰规则》第五条“定义”中,“顺航道行驶”是指船舶顺着________行驶。
①直航道的方向;②弯曲航道的方向;③水流流向
A. ①②　B. ①③
C. ②③　D. ①②③
29. 根据《中华人民共和国内河避碰规则》第五条“定义”,下列哪种情况属于能见度不良?
①“伸手不见五指”的夜间;②雾;③下雪;④暴风雨
A. ①②③　B. ②③④
C. ①③④　D. ①②③④
30. 在《中华人民共和国内河避碰规则》第五条“定义”中,“机动船”一词是指________。
①任何装有推进器的船舶;②用机器推动的船舶;③被拖船拖带的船舶
A. ①　B. ②
C. ①②　D. ②③
31. “快速船”是指静水时速为________千米以上的船舶。
A. 30　B. 35
C. 40　D. 45

32. 根据《中华人民共和国内河避碰规则》第五条“定义”规定，限于吃水的海船的实际吃水在长江定为________米以上。
    A. 6　　B. 7
    C. 8　　D. 4
33. “渡船”是指内河Ⅰ级航道内，单程航行时间不超过________，或单程航行距离不超过________，其他内河通航水域单程航行时间不超过20分钟的用于客渡、车渡、车客渡的船舶。
    A. 3小时；30千米　　B. 2小时；20千米
    C. 1小时；20千米　　D. 2小时；30千米
34. “快速船”是指________船舶。
    A. 在顺流条件下时速能达到35千米以上的
    B. 在静水条件下时速能达到40千米以上的
    C. 在静水条件下时速能达到35千米以上的
    D. 在静水条件下时速能达到30千米以上的
35. 限于吃水的船舶的________吃水在长江定为________米以上，在珠江定为________米以上。
    A. 设计；7；4　　B. 设计；7；5
    C. 实际；7；4　　D. 实际；7；5
36. 对驶相遇不包括________。
    A. 顺航道行驶的两船来往相遇　　B. 顺弯曲航道行驶的两船来往相遇
    C. 顺直航道行驶的两船来往相遇　　D. 两艘横越船来往相遇
37. “渡船”是指内河________航道内，单程航行时间不超过2小时，或单程航行距离不超过20千米，________单程航行时间不超过20分钟的用于客渡、车渡、车客渡的船舶。
    A. Ⅰ级；Ⅱ级航道内　　B. 长江；Ⅱ级航道内
    C. Ⅰ级；其他内河通航水域内　　D. 长江；其他Ⅰ级以下航道内
38. 根据《中华人民共和国内河避碰规则》第五条“定义”，“快速船”是指________时速为________千米以上的船舶。
    A. 静水；40　　B. 静水；35
    C. 设计；40　　D. 实际；35
39. 根据《中华人民共和国内河避碰规则》第五条“定义”，“对驶相遇”是指顺航道行驶的两船来往相遇，包括________。
    ①对遇或接近对遇；②互从左舷或右舷相遇；③在弯曲航道相遇；④两横越船相遇
    A. ①②③　　B. ②③④
    C. ①③④　　D. ①②③④
40. 下述哪种船舶不属于“在航船舶”？
    A. 走锚中的船舶　　B. 已停车且不对水移动的船舶
    C. 起浮后的搁浅船舶　　D. 系靠在锚泊船旁的船舶
41. 下列哪些情况可视为“在航”？
    A. 离泊时，最后一根缆绳解脱

B. 靠泊时，尚未系妥所有的缆绳
C. 锚泊中，为抑制船舶偏荡，持续地使主机保持微速
D. 搁浅

42. 在下列情况中，属于“在航”的是________。
A. 用锚掉头中的船舶　　B. 与另一锚泊船并靠中的船舶
C. 船底部分坐浅的船舶　　D. 第一根缆已带上码头的船舶

43. 走锚中的船应属于“________船舶”。
A. 在航　　B. 锚泊
C. 系靠　　D. 淌航

44. 机动船在抛锚掉头、拖锚航行的过程中，________。
A. 前者属“锚泊”、后者属“在航”　　B. 均属“在航”
C. 前者属“在航”、后者属“锚泊”　　D. 均不属于“在航”

45. 解脱最后一根系带在岸上缆桩的缆绳，即告系岸的结束、在航的开始。
A. 对　　B. 错

46. 在下列情况中的船舶，哪种不属于“在航船舶”？
A. 失控中的船舶　　B. 拖锚淌航的船舶
C. 使用车舵预防走锚的船舶　　D. 起浮后的搁浅船

47. 在下列情况中的船舶，哪种不属于“在航船舶”？
A. 走锚中的船舶
B. 拖锚淌航的船舶
C. 锚泊中，为抑制船舶偏荡，持续地使用主机保持微速推进的船舶
D. 用锚在江河狭水道内掉头的船舶

48. 下列________情况可视为“在航”。
①离泊时，最后一根缆绳解脱；②靠泊时，第一根缆绳系妥之前；③锚泊中，为抑制船舶偏荡，持续地使主机保持微速前进
A. ①②　　B. ②③
C. ①③　　D. ①②③

参考答案

1. B	2. C	3. C	4. A	5. A	6. A	7. A	8. B	9. D	10. D
11. B	12. D	13. A	14. D	15. D	16. C	17. B	18. A	19. B	20. B
21. B	22. D	23. A	24. A	25. B	26. D	27. D	28. A	29. B	30. B
31. B	32. B	33. B	34. C	35. C	36. D	37. C	38. B	39. A	40. D
41. A	42. A	43. A	44. B	45. A	46. C	47. C	48. A		

第四章　正规瞭望

第一节　瞭望的含义

1. 船舶应当________用视觉、听觉以及一切有效手段，保持正规的瞭望，随时注意周围环境和来船动态，以便对局面和碰撞危险做出充分的估计。

   A. 间断　　B. 定时

   C. 随时　　D. 周期性

2. 确保船舶安全航行与避让的首要环节是________。

   A. 保持正规的瞭望　　B. 应用安全航速

   C. 判明碰撞危险　　D. 采取避碰行动

3. 保证安全航行的前提和基础是________。

   A. 遵循避让原则　　B. 保持正规瞭望

   C. 使用安全航速　　D. 遵循航行原则

4. 关于瞭望的重要性，下列说法正确的是________。

   A. 船舶避让效果，与瞭望效果无关，与避让行动方式无关

   B. 船舶避让效果，与瞭望效果有关，与避让行动方式无关

   C. 船舶避让效果，与瞭望效果无关，与避让行动方式有关

   D. 船舶避让效果，与瞭望效果有关，与避让行动方式有关

5. 确保船舶安全航行与避让的首要环节是________。

   A. 保持正规的瞭望　　B. 控制安全航速

   C. 正确选择航路　　D. 采取避让行动

6. 关于保持正规瞭望与各因素的关联性，下列说法正确的是________。

   A. 与瞭望人员的数量无关，与瞭望手段的运用有关，与获得瞭望信息充分性有关

   B. 与瞭望人员的数量有关，与瞭望手段的运用有关，与获得瞭望信息充分性有关

   C. 与瞭望人员的数量有关，与瞭望手段的运用无关，与获得瞭望信息充分性有关

   D. 与瞭望人员的数量有关，与瞭望手段的运用有关，与获得瞭望信息充分性无关

7. 瞭望条款的适用范围是________。

   A. 夜间，一切船舶　　B. 能见度良好时的一切船舶

   C. 任何能见度情况下的每一船舶　　D. 能见度不良时的每一船舶

8. 下列哪些船舶应保持正规瞭望？

   ①在航船；②锚泊船；③搁浅船

   A. ①②　　B. ①③

   C. ②③　　D. ①②③

9. 下列说法正确的是________。
   A. 锚泊船的瞭望可以比在航船的瞭望要求低一些
   B. 锚泊船只要定时瞭望就行
   C. 锚泊船应与在航船一样，按瞭望条款要求保持正规瞭望
   D. 锚泊船要经常用视觉、听觉和雷达瞭望
10.《中华人民共和国内河避碰规则》第六条“瞭望”适用范围是________。
   A. 每一船舶在能见度良好时　　B. 每一船舶在能见度不良时
   C. 每一船舶在夜间　　D. 每一船舶在任何时候
11. 船舶在靠、离泊时不需要保持正规瞭望。
   A. 对　　B. 错

第二节　瞭望的方法

1. 正规瞭望的基本手段是________。
   A. 雷达　　B. 听觉
   C. 视觉　　D. VHF 通信
2. 瞭望的基本手段是视觉瞭望。
   A. 对　　B. 错
3. 若船舶在雾中航行，则________。
   A. 只需借助雷达进行瞭望
   B. 除雷达和甚高频电话外，还须保持听觉瞭望和视觉瞭望等其他有效手段
   C. 只需借助甚高频电话联系
   D. 只需保持听觉和雷达瞭望
4. 下列________的说法正确。
   A. 雾中不能仅根据他船的雾号来断定他船的方位
   B. 雾中没有听到雾号说明周围没有他船
   C. 雾号不能够区分船舶的动态
   D. 船舶在能见度不良时可不鸣放雾号
5. 保持正规瞭望，与很多因素有关，但应至少从瞭望人员的数量、素质，瞭望的位置、手段等因素上予以保障。
   A. 对　　B. 错
6. 正规瞭望的手段除应包括视觉和听觉外，还包括对船舶现有助航设施、设备的有效使用。
   A. 对　　B. 错
7. 船舶瞭望的手段应包括视觉瞭望、听觉瞭望、雷达观测、VHF 通信，不包括与 VTS 中心的通信联系。
   A. 对　　B. 错
8. 关于船舶在雾中航行，下列说法正确的是________。
   A. 雾中不能根据他船的雾号来断定他船的位置
   B. 雾中没有听到雾号说明周围没有他船

C. 雾航中可以根据雾号的方位采取避让措施

D. 雾航中可以完全凭借雷达瞭望搜索判断他船信息

9. 船舶雾航时,下述说法错误的是________。

A. 不能根据船舶鸣放的雾号判定他船的方位

B. 雾中未听到他船雾号,说明附近没有船舶存在

C. 即使有人进行系统的雷达观测,还应保持其他有效瞭望手段

D. 雷达是判断有无他船以及是否存在碰撞危险的有效手段

10. 听觉也是瞭望的手段之一。

A. 对　　B. 错

11. 雷达是驾驶员最基本的瞭望手段。

A. 对　　B. 错

12. 船舶在保持正规瞭望时,可以采用视觉、听觉、雷达、望远镜、VHF 通信、VTS 等各种瞭望手段,其中最基本的瞭望手段是________。

A. 雷达　　B. 视觉

C. 听觉　　D. 视当时环境和情况而定

13. 实际航行中,你认为哪一种瞭望手段效果最好?

A. 雷达最好,能够准确判断碰撞危险

B. 视觉最好,“眼见为实”,识别简便、直观、快捷

C. AIS 最好,自动识别他船信息,识别快速、实时、准确

D. 各种瞭望手段都有自身的特点,各有所长,不易比较优劣

14. 船员在航行值班时,想使用 VHF 电话联系某船,下列具体呼叫方法效果最好的是________。

A. 呼叫某某位置的船舶　　B. 通报本船方位和动态

C. 呼叫某某动态的船舶　　D. 呼叫对方船名

15. 所谓“加强瞭望”应该理解为是用比“正规瞭望”更好的方法和手段,其效果也比正规瞭望更好。

A. 正确　　B. 错误

16. 在任何能见度情况下,视觉瞭望都是不可或缺的瞭望手段。

A. 正确　　B. 错误

17. 在用视觉瞭望全方位识别目标信息时,应做到________。

A. 先近后远、兼顾两舷、由前到后　　B. 先远后近、兼顾两舷、由前到后

C. 先近后远、兼顾两舷、由后到前　　D. 先远后近、兼顾两舷、由后到前

18. 在用视觉瞭望识别目标信息时,下列做法不正确的是________。

A. 识别目标时既要全面,又要聚焦重点

B. 在识别距离上要特别注意近距离目标

C. 在识别方位上要特别注意正横前的目标

D. 瞭望人员在驾驶台瞭望位置保持固定不变

19. 用 VHF 电话联系时,下列做法不正确的是________。

A. 应主动联系、早联系

B. 应正常守听，及时应答

C. 充分了解他船的船位、航向、航速、避让意图等信息

D. 在任何情况下局限于一船与他船联系

20. 用雷达瞭望手段识别信息时，下列说法不正确的是________。

A. 能探测航道形态、走向

B. 能探测他船位置、距离、方位等动态情况

C. 探测时不受天气、雨雪、波浪的干扰

D. 探测时适用于任何能见度的情况

21. 用 AIS 瞭望手段识别信息时，下列说法正确的是________。

A. 能探测他船图像信息

B. 能识别他船的位置、距离、航向、航速等动态信息

C. 能识别所有在航船舶动态

D. 识别时受气象、水流和障碍物的影响

22. 综合运用各瞭望手段识别他船信息时，下列做法不正确的是________。

A. 会看，会听，会使用助航仪器

B. 运用适合当时环境和情况的瞭望手段，交叉识别，相互验证

C. 在能见度不良水域航行时，用雷达和 AIS 替代视觉瞭望

D. 在弯曲、狭窄航段航行时，用 VHF 电话周期性通报船位和动态

23. 掌握良好驾驶技术的人员，才有可能保持正规的瞭望。

A. 正确　　B. 错误

24. 关于瞭望，下列说法不正确的是________。

A. 正规瞭望的含义即为仔细观察水面上的情况

B. 正规瞭望要求合格的瞭望人员

C. 正规瞭望的手段应全面系统

D. 正规瞭望应保持连续不间断

25. 下列属于正规瞭望要求的是________。

①瞭望人员的数量和质量满足需要；②瞭望的手段适合当时的环境和情况；③瞭望人员坚守岗位，注意力集中，瞭望过程连续；④瞭望人员的位置要适当

A. ①③④　　B. ①②③

C. ①②③④　　D. ①②④

26. 船舶在雾中航行，如天气条件许可，则瞭望人员应尽可能增设在________位置。

A. 船舶驾驶台　　B. 驾驶台顶上

C. 船的首部　　D. 驾驶台的两翼

27. 下列________情况，属于疏忽瞭望的表现。

①疲劳驾驶，精力不集中；②在雾航中，在雷达上不能识别他船的方位和距离；③用 VHF 电话主动联系他船；④注意守听他船声号

A. ①③　　B. ①②

C. ②③④　　D. ①②③④

28. 在驾驶台引航操作时，某船不断地通过 VHF 电话联系他船，忽视了近处的目标，导致发生

碰撞。该船明显违反了内规的________。

①瞭望的条款，未保持正规的瞭望；②甚高频电话的使用规定；③以车让为主的理念；④航路选择的原则

A. ①②　　B. ①②③

C. ②　　D. ①②③④

29. 船员在航行值班期间，使用智能手机聊天，这明显违反了________。

①《内河避碰规则》第六条"瞭望"的条款；②驾驶台值班规则；③航路选择的原则；④避让原则

A. ②　　B. ①②

C. ①②③　　D. ①②③④

30. 某船驾驶人员夜航时，识别雷达回波不熟练，连续观测雷达时间太长，疏忽其他瞭望手段，那么该船驾驶员显然________。

A. 未能够保持正规瞭望　　B. 违反了雷达的使用规定

C. 违反内规第七条安全航速条款　　D. 违反了内规第三条责任条款

31. 在航行值班期间，下列哪些行为是不符合正规瞭望要求的？

①通过 VHF 聊天；②使用手机浏览新闻；③疲劳驾驶；④长时间在雷达或其他助航设备上搜寻或操作

A. ①③④　　B. ①②④

C. ②③④　　D. ①②③④

32. 船舶应当随时用视觉、听觉以及一切有效手段保持正规的瞭望。一切有效手段主要包括________。

①望远镜；②雷达；③VHF 通信；④AIS、船舶与 VTS 中心的通信

A. ①②　　B. ①②③

C. ②③　　D. ①②③④

33. 正规瞭望的方法包括________。

①雷达；②视觉；③听觉；④VHF 通信；⑤AIS

A. ①②③④⑤　　B. ②③

C. ③④⑤　　D. ①②④⑤

34. 船舶所运用的瞭望手段，除了视觉和听觉以外，还应当包括________。

①VHF 通信、雷达、AIS；②测深仪；③VTS

A. ①②　　B. ①

C. ①③　　D. ①②③

35. 用听觉瞭望识别信息时，应做到________。

①识别船舶会遇时鸣放的各种声号，了解他船的避让意图和行动；②在能见度不良时，识别他船雾号；③注意声音声响的传播受外界干扰

A. ①②　　B. ①②③

C. ①③　　D. ②

第三节　瞭望的目的

1. 瞭望的目的是通过各种手段收集信息。
   A. 对　　B. 错
2. 船舶保持正规瞭望的目的是________。
   A. 识别他船号灯、号型和信号旗　　B. 识别他船声响信号
   C. 识别他船动态和会遇局面　　D. 对局面和碰撞危险做出充分估计
3. 为保证船舶航行安全,首要前提是________。
   A. 保持正规的瞭望　　B. 采用安全航速行驶
   C. 正确合理地选择航路　　D. 采取正确的避让行动
4. 船舶保持正规瞭望的主要目的是________。
   A. 对局面和碰撞危险做出充分的估计　　B. 防止船舶搁浅
   C. 防止船舶发生碰撞　　D. 避免碰撞危险

参考答案

第一节　瞭望的含义

1. C　2. A　3. B　4. D　5. A　6. B　7. C　8. D　9. C　10. D
11. B

第二节　瞭望的方法

1. C　2. A　3. B　4. A　5. A　6. A　7. B　8. A　9. B　10. A
11. B　12. B　13. D　14. D　15. B　16. A　17. A　18. D　19. D　20. C
21. B　22. C　23. A　24. A　25. C　26. C　27. B　28. A　29. B　30. A
31. D　32. D　33. A　34. D　35. B

第三节　瞭望的目的

1. B　2. D　3. A　4. A

第五章 安全航速

第一节 安全航速的含义

1. 所谓“安全航速”是指________。
   A. 备车,并以半速行驶
   B. 备车,并以微速行驶
   C. 能够采取有效的避让行动,并能适合当时环境和情况的要求,达到防止碰撞和浪损的速度
   D. 有碰撞危险时,用微速行驶
2. 船舶在任何时候应当以安全航速行驶的目的是________。
   A. 判明来船动态
   B. 了解周围情况
   C. 能够采取有效的避让行动,防止碰撞
   D. 加强瞭望
3. 船舶安全航速就是通常意义上的“减速、停车或倒车”。
   A. 对　　B. 错
4. 只要不与他船发生碰撞,任何航速都是安全航速。
   A. 对　　B. 错
5. 关于安全航速,下述说法正确的是________。
   A. 慢速比快速安全
   B. 全速行驶容易导致碰撞事故
   C. 安全航速没有“量”的具体规定,应视当时环境和情况确定
   D. 船舶遵守地方限速就是安全航速
6. 所谓的“安全航速”是指________。
   A. 能够采取有效的避让行动,防止碰撞的航速
   B. 比正常航行时慢的航速
   C. 船舶备车航行时的航速
   D. 地方限速规定的航速
7. 船舶在任何时候均应当以安全航速行驶。“安全航速”是指________。
   A. 船舶常用速度
   B. 根据当时水域特点所规定的速度
   C. 慢速
   D. 能采取有效的避让行动,达到避免碰撞和浪损的速度
8. 船舶在任何时候应当以安全航速行驶的目的是________。

A. 判明来船动态
B. 了解周围情况
C. 能够采取有效的避让行动,防止碰撞
D. 加强瞭望

9. 安全航速的适应性和应变性,决定了安全航速大小必须适当,即"当快则快,当慢则慢,当停则停"。

A. 正确　　B. 错误

10. "安全航速"的含义是________。

A. 能够维持航向操纵的最低速度
B. 能够采取适当而有效的避让行动,并能适合当时环境和情况的要求,避免碰撞和浪损的速度
C. 只要不与他船发生碰撞的速度
D. 只要不浪损他船的速度

11. 关于安全航速的含义,下列说法正确的是________。

A. 如航速快,则避让行动有效性较好
B. 如航速慢,则避让行动有效性较差
C. 航速的快慢,应保证适合当时环境和情况要求,有足够的距离和时间采取适当而有效的避让行动
D. 慢速时采取避让行动的效果比快速时采取避让行动要好

12. "安全航速"的含义是________。

A. 主管机关限速规定的速度
B. 任何时候以微速行驶,以避免碰撞
C. 任何时候以常速行驶,以避免碰撞
D. 以适合当时环境和情况要求的速度行驶,以保证足够的距离和时间采取适当而有效的避让行动避免碰撞

13. 船舶控制安全航速必须适合当时的环境和情况,即当快则快,当慢则慢。

A. 对　　B. 错

14. 下列哪些做法是使用安全航速的体现?

①大风浪顶浪航行适当减速;②过弯曲航道先减速后加车增加舵效;③前方动态不明减速、停车,控制船位;④空船风中航行,保持足够的航速控船

A. ①　　B. ①②
C. ①②③　　D. ①②③④

15. 安全航速的条款适用范围是________。

A. 每一船舶在能见度良好时　　B. 每一船舶在能见度不良时
C. 每一船舶在夜间　　D. 每一船舶在任何时候

16. 船舶在任何时候都应当以安全航速行驶,以便________。

A. 判明来船动态　　B. 能够采取有效的避让行为,防止碰撞
C. 观察周围环境　　D. 熟悉航道情况

17. 下列哪种说法正确?

A. 船舶在任何能见度情况下应保持安全航速行驶
B. 船舶以港口当局限定的速度行驶为安全航速
C. 当有碰撞危险时船舶以微速行驶为安全航速
D. 只要不与他船发生碰撞,任何航速都是安全航速

18. 船舶在任何水域、任何能见度情况下均应保持安全航速行驶。
A. 对　　B. 错

19. 在能见度不良时,所有船舶都必须减速行驶。
A. 对　　B. 错

20. 根据《内规》第七条“安全航速”的规定,________船舶在________时候应当以安全航速行驶。
A. 机动;能见度不良　　B. 非机动;能见度不良
C. 任何;任何　　D. 任何;能见度不良

21. 关于船舶航行采用安全航速,下列说法不正确的是________。
①安全航速即为备车航速;②安全航速即为地方限速;③安全航速即为缓慢的速度
A. ①②　　B. ①③
C. ②③　　D. ①②③

第二节　决定安全航速的因素

1. 船舶决定安全航速应考虑的首要因素是________。
A. 能见度情况　　B. 船舶的操纵性能
C. 通航密度　　D. 风、浪、流及航道情况和周围环境

2. 船舶决定安全航速时,应考虑________等主要因素。
①能见度;②通航密度;③船舶操纵性能;④风、浪、流的情况;⑤航道情况和周围环境
A. ①③④⑤　　B. ①②③④
C. ①②③⑤　　D. ①②③④⑤

3. 船舶在港口、锚地等通航密度大的水域航行时,应根据船舶会遇情况灵活使用航速。
A. 对　　B. 错

4. 本船的操纵性能是决定安全航速的首要因素。
A. 对　　B. 错

5. 船舶决定安全航速时,应当考虑________等主要因素。
①能见度;②航道情况;③船舶操纵性能;④风、浪、流的情况;⑤周围环境
A. ①②③　　B. ②③④
C. ①②③④⑤　　D. ③④⑤

6. 船舶决定安全航速时考虑的首要因素是能见度,原因是________。
A. 能见度好坏直接影响避让的时间和距离
B. 能见度不良时所有船舶都应当慢速航行
C. 能见度良好时才可以快速航行
D. 能见度不良时快速航行容易违反航行原则

7. 船舶决定安全航速大小时,应考虑下列哪些因素?
①风、浪、流因素的影响;②船舶吃水与水深的关系;③夜间背景灯光散射干扰;④船间效应
A. ①②③　　B. ①②
C. ②③④　　D. ①②③④

8. 决定船舶安全航速应考虑的首要因素是________。
A. 航道尺度　　B. 通航密度
C. 船舶操纵性能　　D. 能见度情况

9. 安全航速与能见度情况的关系是________。
A. 能见度不良,在瞭望信息不充分的情况下,宜慢速行驶
B. 能见度不良,必须减速行驶
C. 能见度越好,则控制航速越快
D. 不论能见度是否良好,控制航速不必变化

10. 以下说法错误的是________。
A. 安全航速应考虑驾驶员的技术水平
B. 追越过程中追越船加速也是安全航速的体现
C. 雷达的使用情况是决定安全航速的首要因素
D. 速度越慢并不一定越安全

11. 甲机动船尾随乙机动船航行,乙船机器突然熄火、主机失控,紧急通报失控动态,随即甲船紧急倒车,也未能避免碰撞。本事故中________。
A. 乙船未使用安全航速,主机失控,航速突然下降是事故主要原因
B. 甲船未使用安全航速,尾随距离不适当是事故的主要原因
C. 甲船采取避让措施不当是事故的主要原因
D. 乙船失控是主要原因,应该负事故主要责任

12. 备有可使用雷达的船舶决定安全航速时,应考虑下列哪些因素?
①雷达设备的局限性;②选用雷达的距离标尺带来的限制;③天气对雷达精度的影响
A. ①②　　B. ①③
C. ②③　　D. ①②③

13. 备有可使用雷达的船舶决定安全航速时,不可过分信赖雷达。
A. 对　　B. 错

14. 使用雷达的船舶在决定安全航速时,下列________是应当考虑的因素。
①雷达距离标尺带来的任何限制;②雷达对小船有探测不到的可能性;③不同雷达分辨率的差别
A. ①②③　　B. ①②
C. ②③　　D. ①③

15. 在实践中,应当考虑雷达的盲区,"盲区"通常是指________。
①船舶附近雷达波发射不到的地方;②雷达量程范围内,雷达波受地形地貌的影响而无法分辨的区域;③雷达波被船上设施阻挡的区域
A. ②③　　B. ①②
C. ①③　　D. ①②③

16. 备有可使用雷达的船舶决定安全航速大小时，应考虑下列哪些因素？
①雷达设备的特性、效率、局限性；②船公司对航速的指令；③航道情况和周围环境；④船舶操纵性能
A. ①②③ B. ②③④
C. ①③④ D. ①②③④
17. 使用雷达的船舶以安全航速航行时，应当考虑________。
①雷达设备的特性；②雷达设备的效率；③雷达设备的局限性；④雷达设备的使用年限
A. ①②④ B. ①③④
C. ①②③ D. ②③④
18. 使用雷达的船舶决定安全航速时，应当考虑雷达设备的________。
①特性；②效率；③局限性
A. ②③ B. ①②
C. ①②③ D. ①③
19. 对于安全航速，备有可使用雷达的船舶，还应考虑雷达设备的特性、效率和局限性，是指考虑________。
①雷达性能的缺陷；②雷达效率存在的不足；③雷达的盲区；④雷达波受地形地貌的影响
A. ③ B. ①②
C. ①②③ D. ①②③④

第三节 避免浪损的措施

1. 机动船经过下列________水域时应减速。
A. 宽阔的水域 B. 顺直的航道
C. 船舶装卸区 D. 湖泊、水库
2. 机动船经过要求减速的地段应及早减速，经过施工水域不一定要减速。
A. 对 B. 错
3. 机动船经过船舶装卸区、停泊区、鱼苗养殖区、渡口、施工水域，应当及早控制航速，并尽可能保持较开距离驶过。
A. 对 B. 错
4. 机动船经过要求减速的船舶、排筏、地段应及早减速，而经过鱼苗养殖区可不减速。
A. 对 B. 错
5. 机动船经过要求减速的地段应及早减速，经过船舶装卸区、停泊区、渡口可不减速。
A. 对 B. 错
6. 在航道中，某机动船看见另一机动船悬挂“RY”信号旗一组，应及早采取________行动。
A. 减速 B. 转向
C. 抛锚 D. 加速
7. 机动船在经过船舶停泊区时可以不考虑“安全航速”条款关于减速的规定。
A. 对 B. 错
8. 机动船经过下列哪些水域时应主动减速，以避免浪损？

①船舶停泊区；②渡口；③施工水域；④船舶装卸区

A. ①②③　　B. ①③④

C. ②③④　　D. ①②③④

9. 某机动船当看见另一机动船悬挂"RY"信号旗时，应及早采取下列什么行动？

A. 转向　　B. 减速

C. 尽可能靠航道一侧行驶　　D. 备车

10. 机动船经过下列哪些水域应主动减速？

①要求减速的船舶、排筏、地段；②船舶停泊区、装卸区；③鱼苗养殖区；④渡口、施工水域

A. ①②③　　B. ①②③④

C. ②③④　　D. ①③④

11. 机动船经过________等易引起浪损的水域，应当及早控制航速，并尽可能保持较开距离驶过，以避免浪损。

①渡口；②船舶装卸区、要求减速的船舶；③大桥水域；④施工水域

A. ①②③④　　B. ①②③

C. ②③④　　D. ①②④

12. 要求减速的水域包括________。

①鱼苗养殖区；②船舶装卸区；③渡口；④水上作业区；⑤感潮河段

A. ①②③⑤　　B. ①②③④

C. ①②④⑤　　D. ①③④⑤

13. 机动船经过要求减速的船舶、排筏、地段和其他容易引起浪损的水域，应当及早控制航速，并尽可能保持较开距离驶过，其目的是为了________。

A. 避免发生碰撞　　B. 及时与他船取得联系

C. 避免浪损　　D. 避免搁浅

14.《内规》规定________经过要求减速的船舶、排筏、地段和船舶装卸区、停泊区、鱼苗养殖区、渡口、施工水域等易引起浪损的水域，应当及早控制航速，并尽可能保持较开距离驶过，以避免浪损。

A. 任何船舶　　B. 快速船

C. 机动船　　D. 非机动船

15. 机动船经过要求减速的船舶、排筏、地段和船舶装卸区等易引起浪损的水域，应当及早控制航速，并尽可能保持较开距离驶过，以________。

A. 避免碰撞　　B. 避免紧迫局面

C. 避免浪损　　D. 避免紧迫危险

16. 机动船经过装卸区、停泊区、鱼苗养殖区应当及早控制航速，并尽可能保持较开距离驶过，以避免浪损。

A. 对　　B. 错

17. 防止浪损的措施要求尽可能保持较开距离，"尽可能"的含义是________。

A. 越远越好　　B. 距离适中就好

C. 不违反航行原则下远离行驶　　D. 绕开行驶

18. 为避免浪损，机动船经过需要减速的船舶时，应采取下列哪些措施？

①提早减速；②减速足够；③尽可能保持较开距离行驶；④加速通过

A. ①②③　　B. ①②③④

C. ②③④　　D. ①②

19. 一机动船在夜航过程中，看见航道一侧另一船舶除显示停泊规定号灯外，还显示绿、红光环照灯各一盏，则应立即采取下列哪些行动？

①减速；②鸣放声号一短声一长声；③尽可能保持较开距离行驶

A. ①②　　B. ①③

C. ②③　　D. ①②③

20. 某机动船在夜航过程中，看见航道一侧另一船舶除显示停泊规定号灯外，还显示绿、红光环照灯各一盏，应及早采取下列什么行动？

①减速；②尽可能保持较开距离行驶；③鸣放声号一短声一长声；④立即停车

A. ②③　　B. ③④

C. ②③④　　D. ①②③

第四节　不能免责的规定

1. 船舶间有效避免浪损事故的发生，主要靠________按规定遵守自己的责任和义务。

A. 减速的船舶　　B. 要求减速的船舶

C. 减速一方和要求减速的一方船舶共同　　D. 周围的船舶

2. 对于自身防浪能力或防浪措施存在缺陷的船舶，发生浪损，不能免除自身责任。

A. 对　　B. 错

3. 被他船浪损的超载行驶船舶，应免除超载行驶的船舶的责任。

A. 对　　B. 错

4. 配积载不当的船舶发生浪损，不能免除自身责任。

A. 对　　B. 错

5. 下述船舶遭致浪损，不能免除其本身责任的是________。

A. 船舶尺度小的机动船

B. 人力船

C. 帆船

D. 本身防浪能力或者防浪措施存在缺陷的船

6. 被浪损而不能免除责任的船是________。

A. 超载船　　B. 人力船

C. 拖网渔船　　D. 帆船

7.《内规》规定，船舶本身________存在缺陷的，不能因第七条“安全航速”第三款规定而免除责任。

A. 防浪能力　　B. 防浪措施

C. 防浪能力或者防浪措施　　D. 操作

8. 本身防浪能力或防浪措施存在缺陷的，________免除责任。

A. 可以　　B.《内规》没有明确规定

C. 不能　　D. 不一定

9. 船舶因下列哪些情况出现浪损而不能免责？

①超载行驶；②配积载不当；③防浪措施存在缺陷

A. ①②　　B. ②③

C. ①③　　D. ①②③

10. 下列哪种船舶因浪损而不能免除自身的责任？

①自身防浪能力存在缺陷的船舶；②自身防浪措施存在缺陷的船舶；③超载航行的船舶

A. ①③　　B. ②③

C. ①②　　D. ①②③

参考答案

第一节　安全航速的含义

1. C　2. C　3. B　4. B　5. C　6. A　7. D　8. C　9. A　10. B
11. C　12. D　13. A　14. D　15. D　16. B　17. A　18. A　19. B　20. C
21. D

第二节　决定安全航速的因素

1. A　2. D　3. A　4. B　5. C　6. A　7. D　8. D　9. A　10. C
11. B　12. D　13. A　14. A　15. D　16. C　17. C　18. C　19. D

第三节　避免浪损的措施

1. C　2. B　3. A　4. B　5. B　6. A　7. B　8. D　9. B　10. B
11. D　12. B　13. C　14. C　15. C　16. A　17. C　18. A　19. D　20. D

第四节　不能免责的规定

1. C　2. A　3. B　4. A　5. D　6. A　7. C　8. C　9. D　10. D

第六章　航行原则

第一节　不同通航水域的航行原则

1.《内规》规定，________航行时，上行船应当沿缓流或者航道一侧行驶，下行船应当沿主流或者航道中间行驶。

A. 机动船　　B. 非机动船

C. 任何船舶　　D. 人力船

2. 在感潮河段界限以上水域，除有特别规定外，机动船上行应当沿缓流或航道一侧行驶。

A. 对　　B. 错

3. 在下列什么水域，机动船航行时应遵循"上行船应当沿缓流或航道一侧行驶，下行船应当沿主流或航道中间行驶"的规定？

A. 湖泊、水库　　B. 平流区域

C. 感潮河段以上的河段　　D. 感潮河段

4. 船舶在能见度不良情况下航行时，下列哪项正确？

A. 可以不遵循航行原则规定　　B. 仍应遵循航行原则沿规定航路行驶

C. 任意选择航路　　D. 尽可能靠本船右舷一侧航道航行

5. 船舶在能见度不良情况下航行选择航路时，下列说法正确的是________。

A. 可以不遵循航行原则条款规定　　B. 仍应遵循航行原则条款规定

C. 尽可能沿岸行驶　　D. 尽可能靠右行驶

6. 除有特别规定以外，在感潮河段界限以上水域，机动船航行的原则是________。

①上行船沿缓流或航道一侧行驶；②下行船沿主流行驶；③上行船沿主流行驶；④下行船沿航道中间行驶

A. ①②　　B. ①②④

C. ①③④　　D. ①②③④

7. 在某航段，机动船选择下行航路，如能见度不良，则应当________。

A. 尽可能沿本船右舷一侧航道行驶　　B. 沿主流或航道中间行驶

C. 按该航段规定航路行驶　　D. 偏靠该航段右岸行驶

8. 在感潮河段以上的河段，机动船选择航路，下列说法不正确的是________。

A. 上行船应当沿缓流行驶，下行船应当沿主流行驶

B. 上行船应当沿航道一侧行驶，下行船应当沿航道中间行驶

C. 上行船和下行船应尽可能沿本船右舷一侧的航道行驶

D. 上行船和下行船应按该航段规定航路行驶

9. 在感潮河段界限以上，上行机动船选择航路应遵循的原则是________。

①应沿缓流或航道一侧行驶；②应尽可能沿本船右舷一侧航道行驶；③按照有关规定航行；④应沿主流或航道中间行驶

A. ①或者③　　B. ①或者④
C. ②或者③　　D. ②或者④

10.《中华人民共和国内河避碰规则》第八条“航行原则”规定适用于________。
A. 能见度良好时　　B. 能见度不良时
C. 任何能见度情况　　D. 任何情况

11. 船舶在能见度不良的情况下可以不遵循航行原则的规定。
A. 对　　B. 错

12. 在感潮河段、湖泊、水库、平流区域，下列哪些船舶航行时应当遵循尽可能沿本船右舷一侧航道行驶的规定？
A. 任何船舶　　B. 除机动船以外的任何船舶
C. 除非机动船以外的任何船舶　　D. 除人力船以外的任何船舶

13.《中华人民共和国内河避碰规则》规定，在感潮河段、湖泊、水库、平流区域，________应当尽可能沿本船右舷一侧航道行驶。
A. 机动船　　B. 非机动船
C. 任何船舶　　D. 人力船、帆船

14. 航行原则的作用主要是分隔开相反的船流，保证航行安全，尽可能避免________局面的出现。
A. 对驶相遇　　B. 对遇或者接近对遇
C. 横越船相遇　　D. 追越

15. 在感潮河段，机动船选择航路应遵循的原则是________。
①上行应沿缓流或航道一侧行驶；②应尽可能沿本船右舷一侧航道行驶；③按照有关规定航行与避让；④下行应沿主流或航道中间行驶
A. ①或者③　　B. ①或者④
C. ②或者③　　D. ②或者④

16. 任何船舶在感潮河段、湖泊、水库、平流区域航行，应________。
A. 尽可能沿本船右舷一侧航道行驶　　B. 在航道中间行驶
C. 沿主流行驶　　D. 沿缓流行驶

17. 任何船舶应当尽可能沿本船右舷一侧航道行驶的航行原则仅适用于感潮河段。
A. 对　　B. 错

18. 在感潮河段、湖泊、水库、平流区域，船舶航行时应遵循下列什么航行原则？
A. 上行船应沿缓流行驶，下行船应沿主流行驶
B. 上行船应沿航道一侧行驶，下行船应沿航道中间行驶
C. 尽可能沿本船右舷一侧航道行驶
D. 尽可能沿航道中心线右侧航道行驶

19. 在湖泊、水库中航行，________应当尽可能沿本船右舷一侧航道行驶。
A. 上行船舶　　B. 下行船舶
C. 机动船舶　　D. 任何船舶

20. “上行船应当沿缓流或者航道一侧行驶，下行船应当沿主流或者航道中间行驶”，该航行原则一般适用于________。

①感潮河段；②在感潮河段界限以上；③平流区域；④非平流区域的运河

A. ①③　　B. ①④

C. ②③　　D. ②④

21. 在下列哪些水域，船舶航行时应遵循“尽可能沿本船右舷一侧航道行驶”的规定？

①感潮河段以上的河段；②感潮河段；③湖泊、水库；④平流区域

A. ①②③　　B. ②③④

C. ①②　　D. ①②③④

22. 在感潮河段，船舶航行时应遵循什么航行原则？

A. 逆流船和顺流船应尽可能沿本船右舷一侧航道行驶

B. 逆流船应沿航道一侧行驶，顺流船应沿航道中间行驶

C. 逆流船应沿航道中间行驶，顺流船应沿航道一侧行驶

D. 逆流船应沿缓流行驶，顺流船应沿主流行驶

23. “上行船应当沿缓流或者航道一侧行驶，下行船应当沿主流或者航道中间行驶”，该航行原则的好处在于________。

①充分利用流速；②减少了横越现象，防止碰撞；③减少了对遇或者接近对遇，防止碰撞；④减少了对驶相遇，防止碰撞

A. ①③　　B. ①④

C. ②③　　D. ②④

24. 内规中所有的航行原则都应当尽可能地避免两船________。

A. 交叉相遇　　B. 对驶相遇

C. 对遇或接近对遇　　D. 横越时相遇

25. 在平流区域，船舶航行选择航路时，________。

A. 尽可能沿本船左舷一侧航道行驶

B. 如在同一航段，浅吃水船舶应比深吃水船舶靠右横距（岸距）小

C. 如在同一航段，浅吃水船舶应比深吃水船舶靠右横距（岸距）大

D. 如在同一航段，浅吃水船舶应与深吃水船舶保持同一航路行驶

第二节　分道通航、定线制的水域航行原则

1. 在采用船舶定线制的水域，________。

A. 优先执行船舶定线制规定

B. 执行船舶定线制规定，无须遵守《中华人民共和国内河避碰规则》

C. 遵守《中华人民共和国内河避碰规则》，无须执行船舶定线制规定

D. 优先遵守《中华人民共和国内河避碰规则》

2. 在设有分道通航、船舶定线制的水域，船舶必须按照有关规定航行和避让。

A. 对　　B. 错

3. 在分道通航制水域中航行的船舶，两船对遇或者接近对遇时，应互以左舷会船。

A. 对　　B. 错

4. 在设有分道通航、船舶定线制的水域,必须按照有关规定航行和避让。两船________应当以左舷会船。

A. 横越相遇　　B. 互从右舷相遇

C. 对遇或者接近对遇　　D. 弯曲航道相遇

5. 在设有分道通航、船舶定线制的水域,机动船航行时________。

A. 上行应沿缓流或航道一侧行驶,下行应沿主流或航道中间行驶

B. 各自应尽可能沿本船右舷一侧航道行驶

C. 两船对遇或者接近对遇应当以左舷会船

D. 应该按照河流的客观规律选择航路

6. 在设有分道通航、船舶定线制的水域,机动船航行时________。

①必须按照有关规定航行和避让;②各自应尽可能沿本船右舷一侧航道行驶;③两船对遇或者接近对遇应当以左舷会船;④应当避免航向交叉,防止发生碰撞

A. ①②　　B. ①③④

C. ①③　　D. ①②③④

7. 按船舶航行原则规定,下列说法正确的是________。

A. 在感潮河段,上行船应沿缓流或航道一侧行驶,下行船应沿主流或航道中间行驶

B. 在感潮河段以上河段,任何船舶都应当尽可能沿本船右舷一侧航道行驶

C. 在设有分道通航制、船舶定线制的水域,船舶必须按照有关规定航行和避让

D. 在设有分道通航制、船舶定线制的水域,两船对遇或者接近对遇时,应当互以右舷会船

8. 在设有分道通航制、船舶定线制的水域,两船对遇或者接近对遇时,应当________。

A. 减速行驶　　B. 互以左舷会船

C. 互以右舷会船　　D. 采取最有助于避碰的行动

9. 根据《中华人民共和国内河避碰规则》第八条"航行原则"第二款规定,在设有分道通航制、船舶定线制的水域,必须按照有关规定航行和避让。两船对遇或者接近对遇时,应当________。

①按照有关规定航行和避让;②互以左舷会船;③互以右舷会船

A. ①　　B. ②

C. ③　　D. ①③

参考答案

第一节　不同通航水域的航行原则

1. A　2. A　3. C　4. B　5. B　6. B　7. C　8. C　9. A　10. C

11. B　12. A　13. C　14. B　15. C　16. A　17. B　18. C　19. D　20. D

21. B　22. A　23. A　24. C　25. B

第二节 分道通航、定线制的水域航行原则

1. A 2. A 3. A 4. C 5. C 6. C 7. C 8. B 9. B

第七章　避让原则

第一节　一般原则

1. 船舶在航行中要保持高度警惕，当对来船动态不明产生怀疑，或者声号不统一时，应当立即减速、停车，必要时倒车。

A. 对　　B. 错

2. 避让行动要及早进行，以便于在避让的时间和距离上留有充分的余地。

A. 对　　B. 错

3. "驶过让清"，是指两船相遇，在采取相应的有效避让措施后，已经安全驶过，不再存在任何碰撞危险，并已进入正常航行。

A. 对　　B. 错

4. 船舶在航行过程中，当对来船动态不明产生怀疑时，应当立即改变航向。

A. 对　　B. 错

5. 船舶在航行过程中，当与来船声号不统一时，应当立即改变航向。

A. 对　　B. 错

6. 两船相遇，致有构成碰撞危险，一船或两船未按规定鸣放声号属于避让行动不明确。

A. 对　　B. 错

7. 船舶在雾航中要保持高度警惕，下列做法正确的是________。

①加强瞭望，以适合当时环境和情况的安全航速行驶；②按规定鸣放雾号；③备车，使机器能够随时操纵；④必要时抛锚扎雾

A. ①②③　　B. ①②

C. ①②③④　　D. ②③④

8. 两机动船相遇，一船发现与另一船避让行动不协调且距离逼近时，首先要采取的行动是________。

A. 鸣放声号五短声　　B. 通过 VHF 联系，了解情况

C. 立即右转向，互以左舷会船　　D. 立即减速、停车，必要时倒车

9. 机动船采取任何防止碰撞的行动，应当明确地进行，"明确"意味着________。

①避让意图表示要明确；②两船避让意图经声号统一后，避让行动不得改变；③两船的避让意图和行动应协调一致

A. ①②　　B. ①②③

C. ②③　　D. ①③

10. 船舶在航行中应保持高度警惕，当对来船是否存在碰撞危险存有怀疑时，应认为________。

A. 不存在碰撞危险　　B. 存在碰撞危险
C. 视情况发展而定　　D. 仍保持原航向航速行驶

11. 两机动船相遇，一船发现与另一船舶声号不统一时，应立即采取下列哪种避让行动？
A. 改变航向　　B. 减速、停车，必要时倒车
C. 鸣放声号四短声　　D. 增速避让

12. 两机动船相遇，双方避让意图经声号统一后，避让行动________。
A. 可以改变　　B. 有特殊情况时可以改变
C. 不得改变　　D. 必要时仍可改变

13. 在对来船动态不明表示怀疑时，应立即采取________行动。
A. 向右转向　　B. 向左转向
C. 减速、停车，必要时倒车　　D. 电话联系和转向

14. 船舶在航行中要保持高度警惕，当对来船动态不明产生怀疑或者声号不统一时，应当立即________。
A. 判断是否存在碰撞危险　　B. 转向
C. 减速、停车，必要时倒车　　D. 通过 VHF 联系，统一会让意图

15. 两船在避让过程中，下列说法不正确的是________。
A. 只要船舶采取了避让行动就能消除碰撞危险
B. 采取任何防止碰撞的行动，都应当明确、有效、及早地进行，并运用良好的驾驶技术
C. 两船未驶过让清前，碰撞危险仍然存在，两船均应核查避让行动的有效性
D. 两船未驶过让清前，不能解除双方的避让责任和义务

16. 两船已经确定左舷会船，来船显示绿闪光灯，本船应________。
A. 立即向左转向　　B. 立即向右转向
C. 立即显示绿闪光灯　　D. 立即减速

17. 船舶在航行中要保持高度警惕，下列做法不正确的是________。
A. 保持正规瞭望
B. 以适合当时环境和情况的安全航速行驶
C. 按规定航路行驶
D. 当对来船动态不明产生怀疑或者声号不统一时，应立即转向避让

18. 机动船在航行中当对来船动态不明产生怀疑时，应当立即采取什么行动？
A. 转向行动　　B. 减速结合转向行动
C. 减速、停车，必要时倒车　　D. 保持原来的航速行驶

19. 机动船采取任何防止碰撞的行动，应确保避让行动有效性，意味着________。
A. 避让行动应确保两船在安全距离驶过，并应核查避让效果
B. 两船安全会让距离大小，通常不受航道尺度的限制
C. 两船安全会让距离大小，与避让时机早迟有关，与避让幅度大小无关
D. 两船安全会让距离大小，与避让时机早迟无关，与避让幅度大小有关

20. 根据《内河避碰规则》第九条规定，船舶采取任何防止碰撞的行动，应当明确、有效、及早地进行，并运用良好驾驶技术，直至________为止。
A. 相互驶过　　B. 驶过让清

C. 避免紧迫局面　　D. 挽救危局

21. 机动船航行中遇来船下列什么情况,应当立即减速、停车,必要时倒车,防止碰撞?
①来船动态不明时;②来船避让意图不明确;③来船声号不统一
A. ①②③　　B. ②③
C. ②　　D. ①②

22.《内河避碰规则》第九条"避让原则"提到的"良好驾驶技术"包括________。
①熟悉船舶性能和变速性能;②了解航道尺度、水流、能见度等因素对船舶航行和避让的各种限制和风险;③熟悉特定水域船舶定线制规定
A. ①②　　B. ②③
C. ①②③　　D. ①③

23. 船舶在航行中当对来船动态不明产生怀疑或者声号不统一时,应当立即________,以防止碰撞。
①减速;②停车;③必要时倒车;④稳舵;⑤转向避让
A. ①②③④⑤　　B. ②③④⑤
C. ①②③　　D. ③④⑤

24. 船舶遇下列哪种情况,应按《内河避碰规则》采取相应的减速行动?
①来船动态不明;②号灯、号型不清;③会船意图不明确;④声号不统一;⑤会遇局面不清
A. ①②③④　　B. ②③④⑤
C. ①②③④⑤　　D. ①③④⑤

25. 机动船遇下列哪些情况时,应当立即减速、停车,必要时倒车?
①来船未按规定航路行驶;②来船号灯或号型不清;③来船避让意图不明确
A. ①②　　B. ①③
C. ②③　　D. ①②③

26.《中华人民共和国内河避碰规则》第九条"避让原则"提到的"良好驾驶技术"包括________。
①掌握船舶操纵性能;②熟悉航道特点;③正确估计风、浪、流的影响
A. ①②　　B. ①③
C. ②③　　D. ①②③

27. 遇下列哪些情况,船舶应当立即减速、停车,必要时倒车?
①来船动态不明;②号灯、号型不清;③会船意图不明确;④声号不统一
A. ①②③④　　B. ①②③
C. ①③④　　D. ②③④

28. 船舶在航行中要保持高度警惕,当对来船________时,应当立即减速、停车,必要时倒车,防止碰撞。
①声号不统一;②动态不明;③号灯、号型不清
A. ①②　　B. ①②③
C. ①③　　D. ②③

29. 机动船采取任何防止碰撞的行动,应当及早地进行,"及早"意味着________。
①避让时机宜早不宜迟,主动而不被动;②在避让距离和时间上应留有充分余地;③在车

让、舵让上应留有充分余地

A. ①②　　B. ②③

C. ①②③　　D. ①③

30. 机动船采取任何防止碰撞的行动，应当________。

①明确、有效、及早地进行；②运用良好驾驶技术；③直至驶过让清为止

A. ①②　　B. ①③

C. ②③　　D. ①②③

31. 船舶在避让时，采取任何防止碰撞的行动，都应当________。

①明确、有效、及早地进行；②运用良好的驾驶技术；③直至驶过让清为止

A. ①②　　B. ①③

C. ②③　　D. ①②③

32. 采取任何防止碰撞的行动，都应当________进行，并运用良好驾驶技术，直到驶过让请为止。

①明确；②有效；③及早

A. ①②　　B. ②③

C. ①②③　　D. ①③

33. 下列说法正确的是________。

①让路船应主动采取让路行动；②采取让路行动的船就是让路船；③当被让路船采取让路行动时，即成为让路船；④被让路船也应采取协助避让的让路行动

A. ①②　　B. ②③

C. ③④　　D. ①④

第二节　让路船与被让路船的行动

1. 两机动船相遇，如果前船同意后船追越，且双方声号经统一，此时让路船是________。

A. 前船　　B. 后船

C. 前后两船互让　　D. 两船均可认为是被让路船

2. 在避让过程中，让路船与被让路船具有同等的避让责任和义务。

A. 对　　B. 错

3. 在避让过程中，让路船应当协助避让被让路船。

A. 对　　B. 错

4. 两船未驶过让清前，可以解除被让路船的避让责任和义务。

A. 对　　B. 错

5. 关于船舶在避让过程中，让路船和被让路船的避让责任和义务，下述说法不正确的是________。

A. 让路船应当主动避让被让路船

B. 被让路船应当注意让路船的行动，并按当时情况采取行动协助避让

C. 让路船与被让路船双方的避让责任有主次之分

D. 被让路船负有不应妨碍让路船通行的责任

6. 在任何情况下，被让路船都应当保持原来的航向航速。

A. 对　　B. 错

7.《内河避碰规则》第九条“避让原则”规定，船舶在避让过程中，让路船应当________避让被让路船，被让路船也应当________避让让路船。

A. 主动；主动　　B. 主动；协助

C. 主动；不必　　D. 协助；主动

8. 机动船在避让过程中，让路船应当________避让被让路船。

A. 协助　　B. 积极

C. 主动　　D. 适当

9. 机动船在避让过程中，被让路船应当________避让让路船。

A. 主动　　B. 适当

C. 协助　　D. 积极

10. 两机动船相遇，双方避让意图经声号统一后，避让行动________。

A. 可以改变　　B. 有特殊情况时可以改变

C. 不得改变　　D. 必要时仍可改变

11. 两机动船相遇，双方避让意图经声号统一后，避让行动不得改变。

A. 对　　B. 错

12. 关于让路船与被让路船之间的避让责任，下列说法不正确的是________。

A. 在避让过程中，让路船应当主动避让被让路船

B. 被让路船也应当注意让路船的行动，并按当时情况采取行动协助避让

C. 它们之间的避让意图应明确和统一

D. 它们之间的避让责任完全由它们的操纵性能差异确定

13. 关于让路船的行动，下列说法正确的是________。

①让路船应当主动给被让路船让路；②让路船的避让行动应当明确、有效、及早进行；③在避让过程中，让路船应密切关注被让路船的行动，及早采取让路行动

A. ①　　B. ①③

C. ①②③　　D. ②③

14. “不应妨碍他船的船舶”应当________。

①不得妨碍他船安全航行；②尽可能采取避免与他船发生碰撞危险的方法航行；③应及早采取行动，以留出足够的水域供他船安全通过

A. ①②③　　B. ②③

C. ①③　　D. ①

15.《内规》第九条“避让原则”第一款“船舶在航行中要保持高度警惕，……，直至驶过让清为止”的适用对象是________。

A.《内规》“定义”中的所有船舶

B. 仅适用于机动船

C. 除限于吃水的海船以外的任何船舶

D. 除非自航船以外的任何船舶

16. 两机动船相遇，双方避让意图经________统一后，避让行动________。

A. 声号;不得改变　　B. 声号;可以改变
C. 无线电话;不得改变　　D. 灯光信号;不得改变

17. 下列说法正确的是________。
A. 两机动船相遇,双方避让意图经 VHF 商定一致即可
B. 两机动船相遇,双方避让意图经红、绿闪光灯统一即可
C. 两机动船相遇,双方避让意图经声号统一后,避让行动不得改变
D. 双方避让意图经声号统一后,也可改变避让行动

18. 两机动船相遇,双方的避让意图经声号统一后,必要时避让行动仍可改变。
A. 对　　B. 错

19. 两机动船相遇,双方避让意图经 VHF 商定一致即可。
A. 对　　B. 错

20. 两机动船相遇,双方避让意图经红、绿闪光灯统一即可。
A. 对　　B. 错

21. 两机动船相遇,双方避让意图经声号统一后,则________。
A. 避让行动不得改变　　B. 航速可以改变,航向不得改变
C. 航速不得改变,航向可以改变　　D. 航速、航向均不得改变

22. 案例分析：

如图所示,白天,视线良好,甲船在某江河上行,航向 270°,计划从北岸的上行航道横越至位于该航段南岸的锚地抛锚。甲船横越前观察发现离本船 1.5 千米左右有一艘下行空船(乙船),通过 VHF 电话呼叫,未取得联系,甲船驾驶员认为视线较好,距离较远,只要来船稍微向北岸协助避让一些,就完全可以安全横越过河。于是甲船从乙船前方横越,结果发现下行船一点协助避让的意图都没有,两船距离逼近,甲船鸣放声号一长声,乙船向右转向避让,很快两船发生碰撞。

乙船正常下行,航向约 90°,驾驶台 1 人值班,VHF 电话音量较小,值班人员因玩手机未听到甲船呼叫。听到汽笛声,一抬头发现横越船距离逼近,便紧急向右避让,最终发生碰撞,损失惨重。

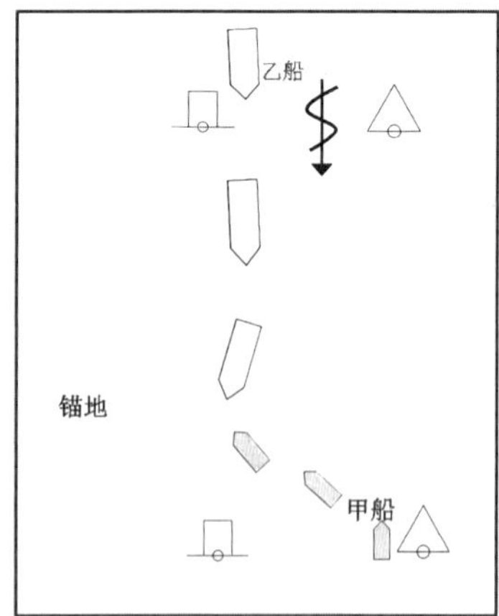

碰撞事故示意图

该事故中,你认为首要的原因是________。
A. 乙船应急措施不当
B. 双方未取得联系

C. 乙船驾驶员玩手机,没有保持正规瞭望

D. 甲船没有履行不妨碍的义务

23. 案例分析:

如图所示,白天,视线良好,甲船在某江河上行,航向 270°,计划从北岸的上行航道横越至位于该航段南岸的锚地抛锚。甲船横越前观察发现离本船 1.5 千米左右有一艘下行空船(乙船),通过 VHF 电话呼叫,未取得联系,甲船驾驶员认为视线较好,距离较远,只要来船稍微向北岸协助避让一些,就完全可以安全横越过河。于是甲船从乙船前方横越,结果发现下行船一点协助避让的意图都没有,两船距离逼近,甲船鸣放声号一长声,乙船向右转向避让,很快两船发生碰撞。

乙船正常下行,航向约 90°,驾驶台 1 人值班,VHF 电话音量较小,值班人员因玩手机未听到甲船呼叫。听到汽笛声,一抬头发现横越船距离逼近,便紧急向右避让,最终发生碰撞,损失惨重。

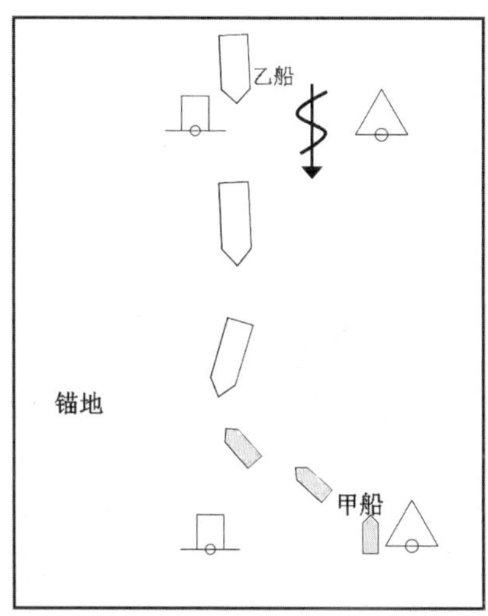

碰撞事故示意图

该事故中,你认为甲船有哪些疏忽?

①违反内规的避让原则,来船动态不明,没有及时减速、停车,必要时倒车;②横越时妨碍他船行驶;③使用声号错误;④违反内规第八条“航行原则”

A. ①②③　　B. ①②④

C. ①③　　D. ②③④

24. 案例分析:

如图所示,白天,视线良好,甲船在某江河上行,航向 270°,计划从北岸的上行航道横越至位于该航段南岸的锚地抛锚。甲船横越前观察发现离本船 1.5 千米左右有一艘下行空船(乙船),通过 VHF 电话呼叫,未取得联系,甲船驾驶员认为视线较好,距离较远,只要来船稍微向北岸协助避让一些,就完全可以安全横越过河。于是甲船从乙船前方横越,结果发现下行船一点协助避让的意图都没有,两船距离逼近,甲船鸣放声号一长声,乙船向右转向避让,很快两船发生碰撞。

乙船正常下行,航向约 90°,驾驶台 1 人值班,VHF 电话音量较小,值班人员因玩手机未听到甲船呼叫。听到汽笛声,一抬头发现横越船距离逼近,便紧急向右避让,最终发生碰撞,损失惨重。

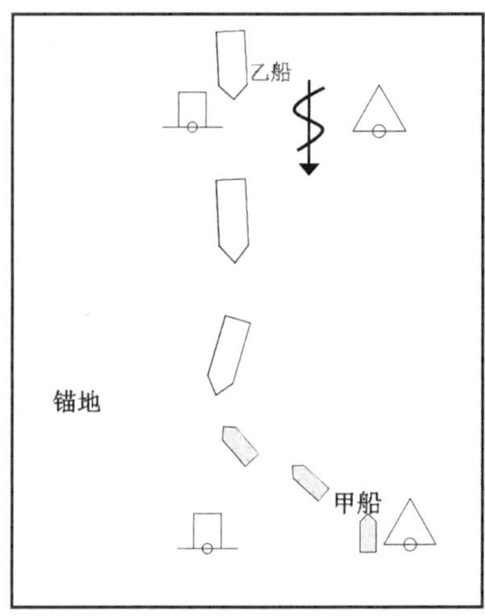

碰撞事故示意图

该事故中，你认为乙船有哪些疏忽？

①疏忽瞭望；②未使用安全航速；③违反避让原则；④违反内规第八条“航行原则”

A. ①②③　　B. ①②④

C. ①③　　D. ②③④

25. 案例分析：

如图所示，白天，视线良好，甲船在某江河上行，航向 270°，计划从北岸的上行航道横越至位于该航段南岸的锚地抛锚。甲船横越前观察发现离本船 1.5 千米左右有一艘下行空船（乙船），通过 VHF 电话呼叫，未取得联系，甲船驾驶员认为视线较好，距离较远，只要来船稍微向北岸协助避让一些，就完全可以安全横越过河。于是甲船从乙船前方横越，结果发现下行船一点协助避让的意图都没有，两船距离逼近，甲船鸣放声号一长声，乙船向右转向避让，很快两船发生碰撞。

乙船正常下行，航向约 90°，驾驶台 1 人值班，VHF 电话音量较小，值班人员因玩手机未听到甲船呼叫。听到汽笛声，一抬头发现横越船距离逼近，便紧急向右避让，最终发生碰撞，损失惨重。

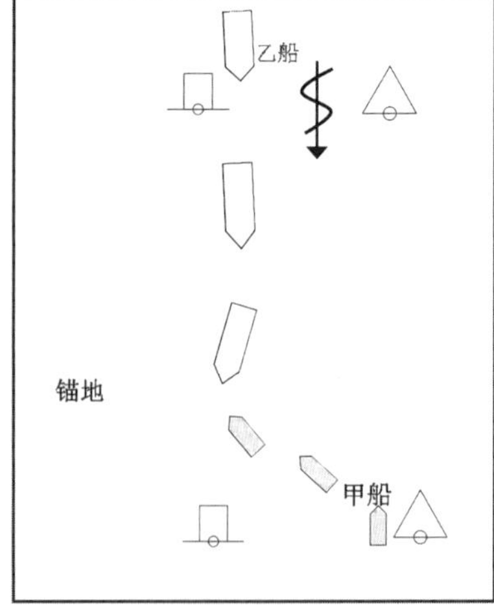

碰撞事故示意图

该事故中,关于事故原因及承担责任描述正确的是________。

A. 乙船应急措施不当,采取向右转向是事故主要的原因,应该负主要责任

B. 甲船违反了航行原则,应当负事故主要责任

C. 乙船驾驶员玩手机,没有保持正规瞭望,没有使用安全航速,应该负事故主要责任

D. 甲船未履行不妨碍的义务是事故的主要原因,应该负主要责任

26. 案例分析:

如图所示,白天,视线良好,甲船在某江河上行,航向 270°,计划从北岸的上行航道横越至位于该航段南岸的锚地抛锚。甲船横越前观察发现离本船 1.5 千米左右有一艘下行空船(乙船),通过 VHF 电话呼叫,未取得联系,甲船驾驶员认为视线较好,距离较远,只要来船稍微向北岸协助避让一些,就完全可以安全横越过河。于是甲船从乙船前方横越,结果发现下行船一点协助避让的意图都没有,两船距离逼近,甲船鸣放声号一长声,乙船向右转向避让,很快两船发生碰撞。

乙船正常下行,航向约 90°,驾驶台 1 人值班,VHF 电话音量较小,值班人员因玩手机未听到甲船呼叫。听到汽笛声,一抬头发现横越船距离逼近,便紧急向右避让,最终发生碰撞,损失惨重。

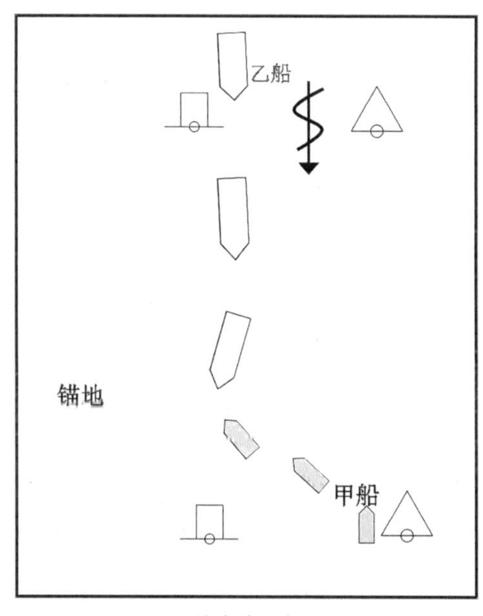

碰撞事故示意图

该事故中,如果你是甲船驾驶员,你觉得怎么做才能避免事故?

①使用 VHF 电话联系不上应该继续联系,一直到联系上为止;②横越前应该注意观察,确认无碍他船行驶;③电话联系不上视为来船动态不明,应该减速、停车,不应该强行横越;④横越前,按规定鸣放声号一长声

A. ②③④　　B. ①②④

C. ①③④　　D. ①②③

27. 案例分析:

如图所示,白天,视线良好,甲船在某江河上行,航向 270°,计划从北岸的上行航道横越至位于该航段南岸的锚地抛锚。甲船横越前观察发现离本船 1.5 千米左右有一艘下行

空船(乙船),通过 VHF 电话呼叫,未取得联系,甲船驾驶员认为视线较好,距离较远,只要来船稍微向北岸协助避让一些,就完全可以安全横越过河。于是甲船从乙船前方横越,结果发现下行船一点协助避让的意图都没有,两船距离逼近,甲船鸣放声号一长声,乙船向右转向避让,很快两船发生碰撞。

乙船正常下行,航向约 90°,驾驶台 1 人值班,VHF 电话音量较小,值班人员因玩手机未听到甲船呼叫。听到汽笛声,一抬头发现横越船距离逼近,便紧急向右避让,最终发生碰撞,损失惨重。

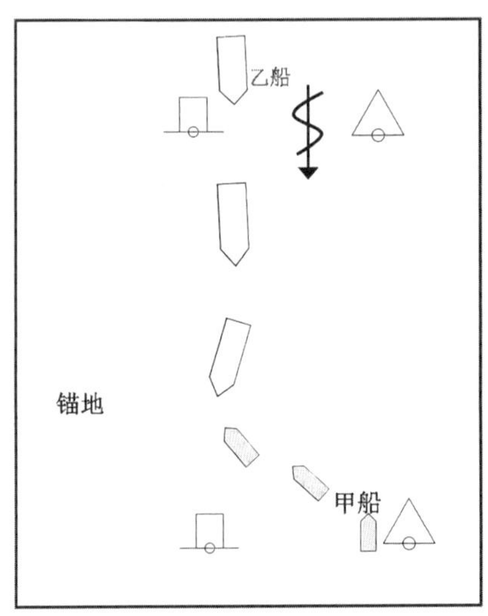

碰撞事故示意图

该事故中,如果你是乙船驾驶员,你觉得怎么做才能避免事故?

①保持正规瞭望;②发现有船横越及时减速等候或者绕开行驶;③及早联系统一会让意图;④加车通过,按规定鸣放声号一长声

A. ②③④　　B. ①②④

C. ①③④　　D. ①②③

28. 案例分析:

如图所示,事故发生在长江 64#和 65#浮之间,事故航段实行定线制,上下行靠右行驶,视线良好。

事故日甲船计划于北岸锚地起锚掉头下行。0530 时开始绞锚,报动态。雷达上发现 64#黑浮附近有三艘船舶上水,其中前面两艘船舶相距 0.7~0.8 海里。

0543 时锚离底,继续发布动态,并用微速进车、左舵 10°向左掉头,用 VHF 电话与三艘船舶联系,其中第一条船回答会绿灯、最后一条会红灯,而第二条船无回答。于是甲船计划从前面两艘船舶(相距 0.7~0.8 海里)之间掉头穿越进入航道。

0546 时近距离右舷会过第一条船后,加车前进二,穿越第二艘上水船乙船船头。

0548 时发现乙船船首向指向红浮,继续 VHF 电话联系,仍无回答。车速降至前进一。此时,乙船在甲船左舷 15°,距离 0.3 海里左右,其船首向指向红浮,于是本船改左满舵避让。当本船转向至船头正对乙船时,乙船也突然向右改向。0552 时甲船右满舵、车后退二。

0553 时甲船球鼻艏左前与乙船左舷中后部发生碰撞。事故无人员伤亡，损失大约为 400 万元人民币。

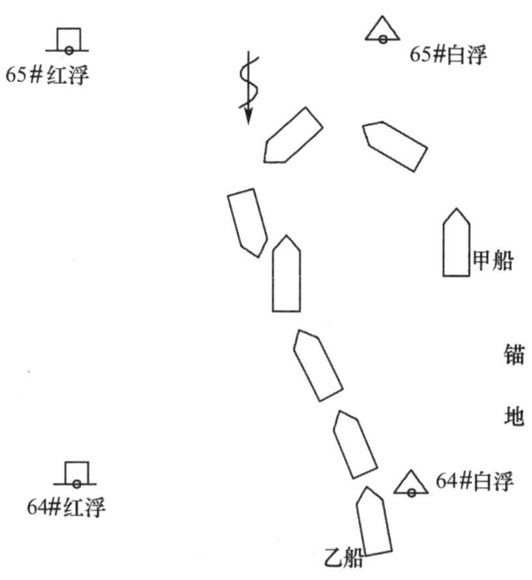

碰撞事故示意图

你认为该起事故中，关于承担责任及理由叙说正确的是________。

A. 甲船负主要责任，未采用安全航速、疏忽瞭望、操作不当，是导致本次事故的主要原因

B. 甲船负主要责任，甲船掉头应该履行不妨碍他船航行的义务，掉头时机不当

C. 乙船负主要责任，乙船选择航路错误

D. 乙船负主要责任，乙船未及时减速等候或者绕开行驶

29. 案例分析：

如图所示，事故发生在长江 64#和 65#浮之间，事故航段实行定线制，上下行靠右行驶，视线良好。

事故日甲船计划于北岸锚地起锚掉头下行。0530 时开始绞锚，报动态。雷达上发现 64#黑浮附近有三艘船舶上水，其中前面两艘船舶相距 0.7～0.8 海里。

0543 时锚离底，继续发布动态，并用微速进车、左舵 10°向左掉头，用 VHF 电话与三艘船舶联系，其中第一条船回答会绿灯、最后一条会红灯，而第二条船无回答。于是甲船计划从前面两艘船舶（相距 0.7～0.8 海里）之间掉头穿越进入航道。

0546 时近距离右舷会过第一条船后，加车前进二，穿越第二艘上水船乙船船头。

0548 时发现乙船船首向指向红浮，继续用 VHF 电话联系，仍无回答。车速降至前进一。此时，乙船在甲船左舷 15°，距离 0.3 海里左右，其船首向指向红浮，于是本船改左满舵避让。当本船转向至船头正对乙船时，乙船也突然向右改向。0552 时甲船右满舵、车后退二。

0553 时甲船球鼻艏左前与乙船左舷中后部发生碰撞。事故无人员伤亡，损失大约为 400 万元人民币。

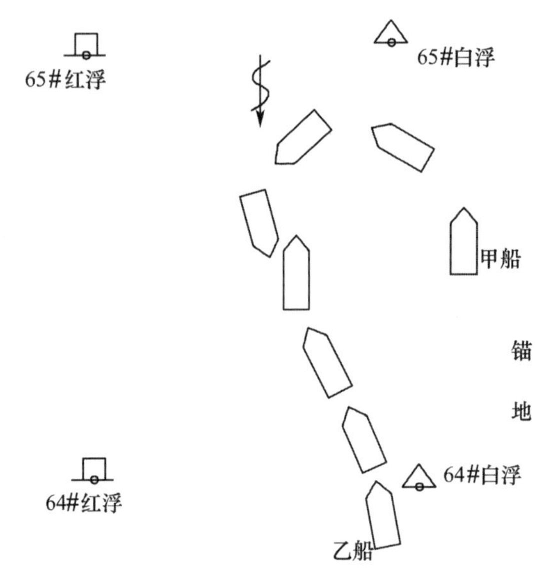

碰撞事故示意图

你认为该起事故中,造成事故最重要的一个原因是________。

A. 甲船未采用安全航速、疏忽瞭望、操作不当

B. 甲船掉头及横越未履行不妨碍的责任和义务,掉头及横越时机不当

C. 乙船选择航路错误,违反航行原则,没有靠右航行

D. 乙船未及时采取减速等候或者绕开行驶的措施

30. 案例分析:

如图所示,事故发生在长江64#和65#浮之间,事故航段实行定线制,上下行靠右行驶,视线良好。

事故日甲船计划于北岸锚地起锚掉头下行。0530时开始绞锚,报动态。雷达上发现64#黑浮附近有三艘船舶上水,其中前面两艘船舶相距0.7~0.8海里。

0543时锚离底,继续发布动态,并用微速进车、左舵10°向左掉头,用VHF电话与三艘船舶联系,其中第一条船回答会绿灯、最后一条会红灯,而第二条船无回答。于是甲船计划从前面两艘船舶(相距0.7~0.8海里)之间掉头穿越进入航道。

0546时近距离右舷会过第一条船后,加车前进二,穿越第二艘上水船乙船船头。

0548时发现乙船船首向指向红浮,继续用VHF电话联系,仍无回答。车速降至前进一。此时,乙船在甲船左舷15°,距离0.3海里左右,其船首向指向红浮,于是本船改左满舵避让。当本船转向至船头正对乙船时,乙船也突然向右改向。0552时甲船右满舵、车后退二。

0553时甲船球鼻艏左前与乙船左舷中后部发生碰撞。事故无人员伤亡,损失大约为400万元人民币。

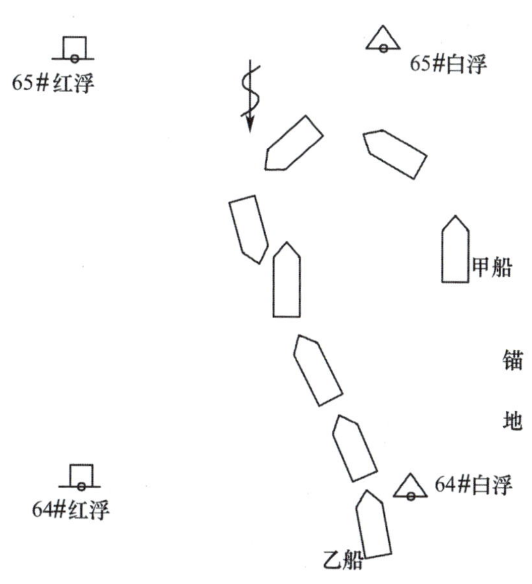

碰撞事故示意图

如果你是乙船驾驶人员，你认为乙船正确的做法是________。

①加强瞭望，使用 VHF 电话及早联系甲船统一会让意图；②发现掉头船有碍本船航行，及时减速；③主动履行不妨碍他船掉头的义务；④车让为主，动态不明立即减速、停车，必要时倒车

A. ①②④　　B. ①②③

C. ①③④　　D. ②③④

31. 案例分析：

如图所示，事故发生在长江 64#和 65#浮之间，事故航段实行定线制，上下行靠右行驶，视线良好。

事故日甲船计划于北岸锚地起锚掉头下行。0530 时开始绞锚，报动态。雷达上发现 64#黑浮附近有三艘船舶上水，其中前面两艘船舶相距 0.7～0.8 海里。

0543 时锚离底，继续发布动态，并用微速进车、左舵 10°向左掉头，用 VHF 电话与三艘船舶联系，其中第一条船回答会绿灯、最后一条会红灯，而第二条船无回答。于是甲船计划从前面两艘船舶（相距 0.7～0.8 海里）之间掉头穿越进入航道。

0546 时近距离右舷会过第一条船后，加车前进二，穿越第二艘上水船乙船船头。

0548 时发现乙船船首向指向红浮，继续用 VHF 电话高频联系，仍无回答。车速降至前进一。此时，乙船在甲船左舷 15°，距离 0.3 海里左右，其船首向指向红浮，于是本船改左满舵避让。当本船转向至船头正对乙船时，乙船也突然向右改向。0552 时甲船右满舵、车后退二。

0553 时甲船球鼻艏左前与乙船左舷中后部发生碰撞。事故无人员伤亡，损失大约为 400 万元人民币。

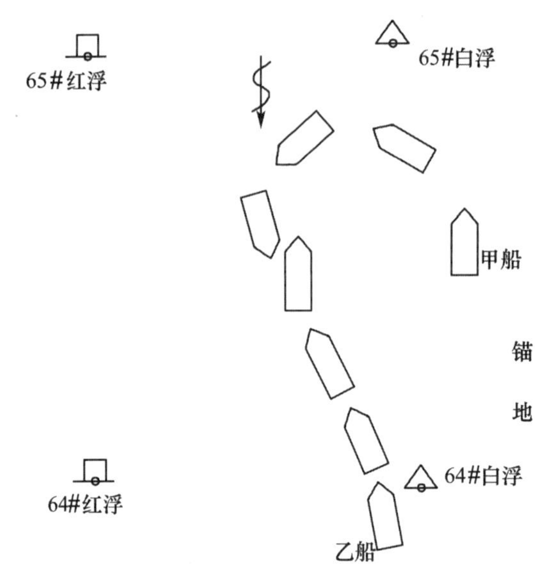

碰撞事故示意图

如果你是甲船驾驶人员，你认为甲船正确的做法是________。

①加强瞭望，选择好的掉头及横越时机；②主动联系，按规定鸣放声号，统一会让意图；③主动履行不妨碍他船航行的责任和义务；④来船动态不明立即减速、停车，必要时倒车；⑤要求过往船舶等让的意图必须表达明确

A. ①②③④　　B. ①②③⑤

C. ①③④⑤　　D. ②③④⑤

第三节　长江干线客渡船

1. 不论由于何种原因，在长江干线航行的客渡船必须避让________。

A. 横越船　　B. 顺航道行驶的船舶

C. 渡船　　D. 快速船

2. 在任何情况下，在长江干线上航行的客渡船必须避让顺航道行驶的上行船队。

A. 对　　B. 错

3. 不论由于何种原因，在长江干线航行的下列哪种船舶必须避让顺航道行驶的船舶？

A. 机动船　　B. 客渡船

C. 帆船　　D. 人力船

4. 任何情况下，在长江干线航行的客渡船必须避让下列哪种船舶？

A. 顺航道或河道行驶的船舶　　B. 横越的船舶

C. 靠、离泊的船舶　　D. 掉头的船舶

5. 不论由于何种原因，在长江干线航行的________必须避让顺航道行驶的船舶。

A. 渡船　　B. 车渡船

C. 车客渡船　　D. 客渡船

6. 不论由于何种原因,在长江干线航行的客渡船必须避让________船舶。
   A. 顺航道行驶的　　B. 横越的
   C. 其他的　　D. 正常行驶的
7. 在________,在长江干线航行的客渡船都必须避让顺航道或河道行驶的船舶。
   A. 能见度良好时　　B. 能见度不良时
   C. 任何情况下　　D. 白天

第一节　一般原则

1. A　2. A　3. A　4. B　5. B　6. A　7. C　8. D　9. B　10. B
11. B　12. C　13. C　14. C　15. A　16. D　17. D　18. C　19. A　20. B
21. A　22. C　23. C　24. C　25. D　26. D　27. A　28. B　29. C　30. D
31. D　32. C　33. D

第二节　让路船与被让路船的行动

1. B　2. B　3. B　4. B　5. D　6. B　7. B　8. C　9. C　10. C
11. A　12. D　13. C　14. A　15. A　16. A　17. C　18. B　19. B　20. B
21. A　22. D　23. A　24. A　25. D　26. A　27. D　28. B　29. B　30. A
31. A

第三节　长江干线客渡船

1. B　2. A　3. B　4. A　5. D　6. A　7. C

第八章　避让行动

第一节　机动船相遇

1. 两机动船对驶相遇,不包括________。
   A. 对遇或接近对遇　　B. 互从左舷或右舷相遇
   C. 在弯曲航道相遇　　D. 横越船相遇
2. 船队与快速船对驶相遇在避让关系上并不适用机动船对驶相遇条款。
   A. 对　　B. 错
3. 在机动船对驶相遇过程中,来往相遇的两艘机动船包括顺航道行驶的上行船与下行船或者逆流船与顺流船。
   A. 对　　B. 错
4. 在夜间,一机动船在正前方看到对方的前后桅灯成一直线或接近一直线(约船首向左右各5°的范围内),同时看到对方的红、绿舷灯,这属于对遇或接近对遇。
   A. 对　　B. 错
5. 两艘顺航道行驶的机动船,在下列哪种情况下构成对遇或接近对遇局面?
   ①在相反航向上的同一直线上对驶时;②在接近相反航向上船首向交角小于5°以内对驶时;③互从左舷或者右舷相遇;④夜间在船首方向发现来船前后桅灯成一直线或接近成一直线
   A. ①②③　　B. ①②④
   C. ①②③④　　D. ①③④
6. 夜间航行中,当你发现前方来船的桅灯和红、绿光舷灯的光源连线构成了近似等腰三角形,并且距离在快速接近,则你判定他船的动态为________。
   A. 他船是在固定位置施工的工程船
   B. 他船在横越
   C. 他船在掉头
   D. 与本船形成对遇或接近对遇
7. 两机动船对驶相遇,在下列哪种情况下应认为是接近对遇局面?
   A. 夜间,一机动船从正前方看见来船的前后桅灯接近成一直线,且能看见来船的红、绿舷灯
   B. 夜间,一机动船从正前方只能看见前方来船桅灯和红光舷灯
   C. 白天,一机动船从左舷15°看见前方来船前后桅杆接近成一直线
   D. 白天,一机动船从正前方看见前方来船位于本船船首向右10°方位
8. 在感潮河段,涨潮时,顺航道行驶来往的两船:甲船为下行的机动船,乙船为上行的船队,甲、乙两船对驶相遇,存在碰撞危险时应________。

①乙船让甲船;②甲船让乙船;③若无特殊情况,甲、乙两船互以左舷会船;④甲、乙两船互以右舷会船

A. ①②③　　B. ①②③④

C. ①③④　　D. ②③

9. 在湖泊、水库、平流区域,两机动船相遇,下列说法正确的是________。

①如两船都为单船,或都为船队,则上行船避让下行船;②如两船都为单船,或都为船队,则逆流船避让顺流船;③如单船与船队相遇,则单船避让船队

A. ①　　B. ②

C. ①③　　D. ②③

10. 两机动船对驶相遇时,在下列什么水域不适用上行船应当避让下行船的规定?

A. 感潮河段界限以上的河段　　B. 感潮河段

C. 湖泊、水库　　D. 平流区域

11. 两机动船对驶相遇时,划分上行船与下行船的依据是按照其行驶方向与________对应关系而确定的。

A. 河流上、下游方向　　B. 感潮河段当时水流流向

C. 航道走向　　D. 船舶总流向

12. 在湖泊、水库、平流区域,一艘上行的船队与一艘下行的船队发生对遇或者接近对遇,下列说法肯定错误的是________。

A. 上行船主动避让下行船

B. 有他船在本船左舷的应该给他船让路

C. 尽可能靠本船右舷一侧航道行驶

D. 除特殊情况外,互会左舷

13. 在感潮河段,一艘上行的船队与一艘下行的单船发生对遇或者接近对遇,下列说法正确的是________。

A. 上行船应当主动避让下行船

B. 单船应当主动避让船队

C. 有他船在本船左舷的应该给他船让路

D. 除特殊情况外,互会左舷

14. 两机动船对驶相遇条款,适用于________。

①机动船和快速船;②机动船和客渡船;③客渡船和车渡船;④一艘机动船和一船队

A. ①②④　　B. ②③④

C. ③④　　D. ①②③

15. 在感潮河段界限以上水域,恰遇涨潮流,顺航道行驶的吊拖船队顺流上行,与机动单船逆流下行,构成对驶相遇时,则________。

①单船应当协助避让船队;②吊拖船队应当主动避让单船;③除特殊情况外,互从左舷会过;④单船应该避让船队

A. ①②　　B. ②④

C. ①②③④　　D. ②③

16. 在感潮河段,机动单船顺流行驶,与逆流行驶的船队对驶相遇,存在碰撞危险,此时的避让

关系是________。

A. 船队应当避让机动单船　　B. 机动单船让船队

C. 除特殊情况外，两船应互以左舷会船　　D. 上行船应当避让下行船

17. 两机动船对驶相遇，通常应遵循的避让关系有________。

①除感潮河段以外，上行船避让下行船；②在感潮河段，逆流船应避让顺流船；③在湖泊、水库、平流区域，两船中一船为单船，另一船为船队，则单船应避让船队；④在湖泊、水库、平流区域，两船同为单船或同为船队，则上行船避让下行船

A. ①②③　　B. ①②④

C. ②③④　　D. ①②③④

18. 两机动船对驶相遇时，在下列什么水域不适用"上行船应当避让下行船"的规定？

A. 感潮河段以上弯曲河段　　B. 水流较平缓的水网地带

C. 湖泊、水库　　D. 感潮河段

19. 两机动船对驶相遇时，在下列什么水域适用"逆流船应当避让顺流船"的规定？

A. 受潮汐影响的叉河口　　B. 感潮河段

C. 感潮河段以上　　D. 受潮汐影响的干、支流交汇水域

20. 两机动船对驶相遇时，在下列什么水域适用"单船应当避让船队"的规定？

A. 平流区域　　B. 叉河口

C. 感潮河段　　D. 干、支流交汇水域

21. 在感潮河段、湖泊、水库、平流区域，两机动船对遇或接近对遇，存在碰撞危险时的避让行动应是________。

A. 除特殊情况外，应当互以左舷会船　　B. 除特殊情况外，应当互以右舷会船

C. 在任何情况下，应当互以左舷会船　　D. 有他船在本船右舷者，应当给他船让路

22. 在湖泊、水库、平流区域，两机动船对遇或接近对遇时，不论是单船还是船队，________。

A. 上行船应避让下行船　　B. 除特殊情况外，互以左舷会船

C. 船队应避让单船　　D. 互以右舷会船

23. 除另有规定外，在湖泊、水库、平流水域，两机动船对驶相遇时，若两船均为单船或者船队，则________。

A. 上行船应避让下行船　　B. 两船均负有同等的避让责任

C. 下行船避让上行船　　D. 互以右舷会船

24. "单船应当避让船队"的规定适用于下列哪些水域？

A. 受潮汐影响明显的河段　　B. 感潮河段

C. 湖泊、水库、平流区域　　D. 感潮河段界限以上水域

25. 除另有规定外，在平流区域两横越机动船相遇，同为上行或者下行横越船时，________。

A. 两船各自向右转向避让

B. 两船各自向左转向避让

C. 有他船在本船右舷者，应当给他船让路

D. 有他船在本船左舷者，应当给他船让路

26. "两船对遇或者接近对遇时，除特殊情况外，应互以左舷会船"规定的适用水域是指感潮河段、湖泊、水库、平流水域。

A. 对　　B. 错

27. 在湖泊、水库两船队对驶相遇应遵循的避让原则为________。
A. 双方协商避让
B. 有他船在本船右舷者应当给他船让路
C. 上行船队避让下行船队
D. 逆流船队避让顺流船队

28. 在平流区域，两机动单船对驶相遇应遵循________的原则。
A. 逆流船避让顺流船　　B. 下行船避让上行船
C. 上行船避让下行船　　D. 有他船在本船右舷者应当给他船让路

29. 在平流区域，一机动单船与一船队对驶相遇，应遵循________的原则。
A. 上行船避让下行船　　B. 逆流船避让顺流船
C. 单船避让船队　　D. 有他船在本船右舷者应当给他船让路

30. 在湖泊、水库、平流区域两机动船对驶相遇，其中一船为单船，而另一船为船队，则遵循"单船避让船队"的避让原则。
A. 对　　B. 错

31. 在感潮河段、湖泊、水库、平流区域，两机动船对遇或接近对遇时，不论是单船还是船队，应________。
A. 上行船应避让下行船　　B. 除特殊情况外，互以左舷会船
C. 单船应避让船队　　D. 互以右舷会船

32. "两船对遇或者接近对遇时，除特殊情况外，应互以左舷会船"规定的适用水域包括________。
A. 感潮河段、湖泊、水库、平流水域　　B. 实施分道通航制、船舶定线制的水域
C. 所有的江河、运河　　D. 在感潮河段界限以上

33.《中华人民共和国内河避碰规则》规定的"上行船""逆流船"具备的特点是________。
①航速小，操纵性能比下行船、顺流船好；②制动距离小，舵效好；③易于控制船位；④航速小，操纵性能比下行船、顺流船差
A. ①②③　　B. ②③④
C. ①③④　　D. ①②③④

34. 在感潮河段界限以上，夜间航行，你方是一上行的船队，前方是不能会船的狭窄、弯曲航道，你觉得下列说法正确的是________。
①使用 VHF 电话周期性通报船位和动态；②可以用探照灯向上空照射，应该鸣放声号一长声；③遇有来船，必要时等候下行船驶过；④遇有来船是单船，必要时单船需等候船队上行通过
A. ②③④　　B. ①②③
C. ①③④　　D. ①②

35. 在感潮河段，两机动船构成对遇或接近对遇局面时，________。
A. 上行船应当避让下行船
B. 单船应当避让船队
C. 除特殊情况外，两机动船互以右舷会船

D. 除特殊情况外，两机动船互以左舷会船

36. 机动船驶近弯曲航段、不能会船的狭窄航段，不论有无来船，都应当按规定鸣放声号。

A. 对　　B. 错

37. 机动船驶近弯曲航段、不能会船的狭窄航段时，应当用 VHF 电话周期性通报本船船位和动态。

A. 对　　B. 错

38. 上行的机动船驶近弯曲航段、不能会船的狭窄航段，遇有下行船时，下列哪种说法正确？

A. 上行船必须在该航段的下方等候下行船驶过

B. 必要时上行船还应当在该航段的下方等候下行船驶过

C. 不需要鸣放声号

D. 夜间不可以用探照灯向上空照射以免影响对面来船的瞭望

39. 航行中，当你船驶近弯曲航段、不能会船的狭窄航段、单向控制航段时，你船应采取下列哪些行动？

①用 VHF 电话发布动态；②鸣放声号一长声；③夜间用探照灯向上空照射；④向 VTS 询问相关信息

A. ①②③④　　B. ①②④

C. ②③④　　D. ①③④

40. 你船在驶近弯曲、不能会船的狭窄航段时，听到该航段另一端传来一长声声号，此时你船应________。

①鸣放声号一长声；②必要时采取减速、停车等措施等候来船通过；③用 VHF 与对方联系，统一会让意图；④加速通过，避免堵塞航道

A. ①②③　　B. ①③

C. ②③④　　D. ①②③④

41. 你船顺着弯曲航道下行，恰遇该航道内一艘上行机动船，在弯道顶点附近，你船与他船首尾线的延长线构成了较大的交角，存在碰撞危险，则可以判定你船与他船属于________。

A. 交叉相遇　　B. 对驶相遇

C. 他船横越　　D. 不好判定

42. 机动船驶近弯曲航段、不能会船的狭窄航段时，应采取下列________行动。

①用 VHF 电话通报本船船位和动态；②鸣放声号一长声；③充分了解该航段他船信息

A. ②③　　B. ①②③

C. ①②　　D. ①③

43. 在感潮河段以上的弯曲、狭窄航段，机动船对驶相遇时，下列说法不正确的是________。

A. 加强联系，充分了解航道情况及来船动态

B. 上行船应主动给下行船让路

C. 除特殊情况外，两船互以左舷会船

D. 必要时，上行船在该航段下方等候下行船通过

44. 案例分析：

如图所示，事故水域位于乌江水道，该水道全程实行船舶定线制，供上行小型船舶和船队上行通过，禁止下行船舶下行通过该水道。

事发当日 0601 时许，S 船上行右舷平乌江 2#白浮，距白浮约 250 m。驶至 2#白浮上游约 200 m 时，当班大副通过雷达发现本船船首向偏左方向约 2000 m 处有 1 个亮点（位于乌江 4#红浮附近），怀疑为船舶或其他物标回波，遂通过 VHF 06 频道联系，未收到应答。

0604 时许，S 船上行至乌江 3#红浮下游约 400 m 附近水域，航速约 6.4 节，航向约 202°。大副通过雷达判断该回波（实为 Z 船）为下行船舶，其船位仍处于本船船首向方向，相距不足 1000 m 处；主观认为来船可以从本船右舷通过，即开启绿闪灯。后曾用右微舵调整航向。

0606 时过乌江 3#红浮，横距 100 m，驾驶员通过雷达及望远镜发现 Z 船仍位于本船船首向前方 300 m 左右，判断存在碰撞危险，改闪红灯示意左舷会让，并用探照灯照射船头方向，发现 Z 船船身横于本船船首前方，立即采取减速、停车措施避让。

0607 时许，在乌江 3#红浮上游约 200 m 附近水域，S 船船首右侧与 Z 船右舷中部发生碰撞。

Z 船事发日 0300 进入乌江水道下行。碰撞前 3 分钟，Z 船驶过乌江 4#红浮，驾驶员发现，在其船首偏左方向，3#红浮附近有一上行船舶（即 S 船）正在上驶并闪绿灯。随后 Z 船左舵转向，准备与来船右舷会让。

碰撞前约 1 分钟，驾驶员发现 S 船改闪红灯。0607 时许，Z 船左满舵避让，右舷中部与 S 船船首发生碰撞。

碰撞后，Z 船中部破损进水，很快沉没。

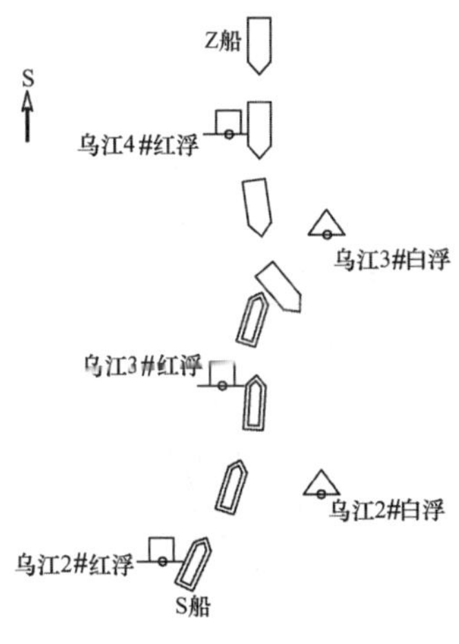

碰撞事故示意图

你认为该起事故最主要的一个原因是________。

A. S 船未使用安全航速行驶，且违反避让原则，即来船动态不明应该减速、停车，必要时倒车”

B. S 船违反“在定线制水域两船对遇或接近对遇应当互以左舷会船”的原则，在没有统一意图的紧急情况下，盲目会右舷

C. Z 船违反航行原则规定，航路选择错误，擅自进入单向上行航道

D. S 船在距对方 300 m 时，发现对方仍处于本船船首方向，单方面改变会让意图，改闪红灯，造成了双方会让意图的不统一

45. 案例分析：

如图所示，事故水域位于乌江水道，该水道全程实行船舶定线制，供上行小型船舶和船队上行通过，禁止下行船舶下行通过该水道。

事发当日 0601 时许，S 船上行右舷平乌江 2#白浮，距白浮约 250 m。驶至 2#白浮上游约 200 m 时，当班大副通过雷达发现本船船首向偏左方向约 2000 m 处有 1 个亮点（位于乌江 4#红浮附近），怀疑为船舶或其他物标回波，遂通过 VHF 06 频道联系，未收到应答。

0604 时许，S 船上行至乌江 3#红浮下游约 400 m 附近水域，航速约 6.4 节，航向约 202°。大副通过雷达判断该回波（实为 Z 船）为下行船舶，其船位仍处于本船船首向方向，相距不足 1000 m 处；主观认为来船可以从本船右舷通过，即开启绿闪灯。后曾用右微舵调整航向。

0606 时过乌江 3#红浮，横距 100 m，驾驶员通过雷达及望远镜发现 Z 船仍位于本船船首向前方 300 m 左右，判断存在碰撞危险，改闪红灯示意左舷会让，并用探照灯照射船头方向，发现 Z 船船身横于本船船首前方，立即采取减速、停车措施避让。

0607 时许，在乌江 3#红浮上游约 200 m 附近水域，S 船船首右侧与 Z 船右舷中部发生碰撞。

Z 船事发日 0300 进入乌江水道下行。碰撞前 3 分钟，Z 船驶过乌江 4#红浮，驾驶员发现，在其船首偏左方向，3#红浮附近有一上行船舶（即 S 船）正在上驶并闪绿灯。随后 Z 船左舵转向，准备与来船右舷会让。

碰撞前约 1 分钟，驾驶员发现 S 船改闪红灯。0607 时许，Z 船左满舵避让，右舷中部与 S 船船首发生碰撞。

碰撞后，Z 船中部破损进水，很快沉没。

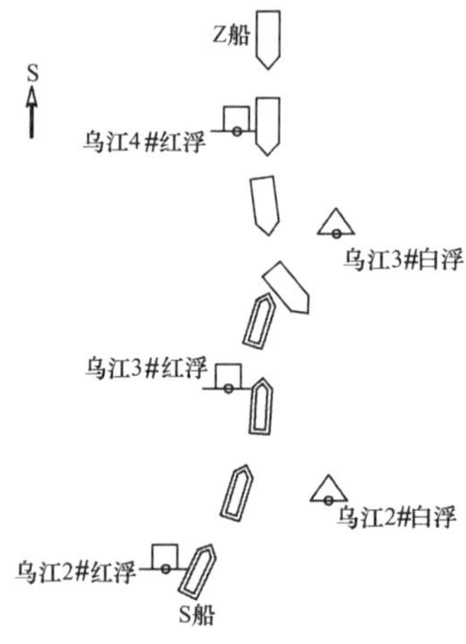

碰撞事故示意图

你认为 Z 船在该起事故中主要存在哪些疏忽？

①未保持正规瞭望；②来船动态不明没有及时减速、停车，必要时倒车；③违反航行原则，走错航路；④VHF 联系不到位，没有及早统一会让意图

A. ①②③④　　B. ①②③

C. ①③④　　D. ②③④

46. 案例分析：

如图所示，事故水域位于乌江水道，该水道全程实行船舶定线制，供上行小型船舶和船队上行通过，禁止下行船舶下行通过该水道。

事发当日0601时许，S船上行右舷平乌江2#白浮，距白浮约250 m。驶至2#白浮上游约200 m时，当班大副通过雷达发现本船船首向偏左方向约2000 m处有1个亮点（位于乌江4#红浮附近），怀疑为船舶或其他物标回波，遂通过VHF 06频道联系，未收到应答。

0604时许，S船上行至乌江3#红浮下游约400 m附近水域，航速约6.4节，航向约202°。大副通过雷达判断该回波（实为Z船）为下行船舶，其船位仍处于本船船首向方向，相距不足1000 m处；主观认为来船可以从本船右舷通过，即开启绿闪灯。后曾用右微舵调整航向。

0606时过乌江3#红浮，横距100 m，驾驶员通过雷达及望远镜发现Z船仍位于本船船首向前方300 m左右，判断存在碰撞危险，改闪红灯示意左舷会让，并用探照灯照射船头方向，发现Z船船身横于本船船首前方，立即采取减速、停车措施避让。

0607时许，在乌江3#红浮上游约200 m附近水域，S船船首右侧与Z船右舷中部发生碰撞。

Z船事发日0300进入乌江水道下行。碰撞前3分钟，Z船驶过乌江4#红浮，驾驶员发现，在其船首偏左方向，3#红浮附近有一上行船舶（即S船）正在上驶并闪绿灯。随后Z船左舵转向，准备与来船右舷会让。

碰撞前约1分钟，驾驶员发现S船改闪红灯。0607时许，Z船左满舵避让，右舷中部与S船船首碰撞。

碰撞后，Z船中部破损进水，很快沉没。

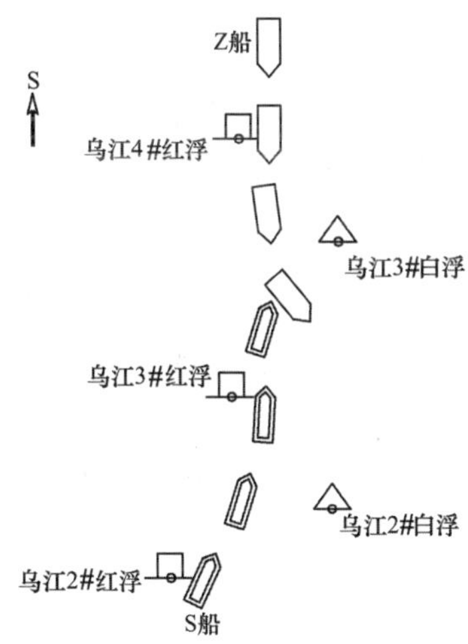

碰撞事故示意图

关于在该事故中承担主要责任及理由的说法，正确的是________。

A. S船承担主要责任；S船未保持正规瞭望，速度太快是事故主要原因

B. S船承担主要责任；S船是上行船，上行船应该避让下行船

C. Z船承担主要责任；Z船未主动通过VHF联系，及早统一会让意图

D. Z 船承担主要责任；Z 船走错航道是主要过错方，承担过错责任原则

47. 案例分析：

如图所示，事故水域位于乌江水道，该水道全程实行船舶定线制，供上行小型船舶和船队上行通过，禁止下行船舶下行通过该水道。

事发当日 0601 时许，S 船上行右舷平乌江 2#白浮，距白浮约 250 m。驶至 2#白浮上游约 200 m 时，当班大副通过雷达发现本船船首向偏左方向约 2000 m 处有 1 个亮点（位于乌江 4#红浮附近），怀疑为船舶或其他物标回波，遂通过 VHF 06 频道联系，未收到应答。

0604 时许，S 船上行至乌江 3#红浮下游约 400 m 附近水域，航速约 6.4 节，航向约 202°。大副通过雷达判断该回波（实为 Z 船）为下行船舶，其船位仍处于本船船首向方向，相距不足 1000 m 处；主观认为来船可以从本船右舷通过，即开启绿闪灯。后曾用右微舵调整航向。

0606 时过乌江 3#红浮，横距 100 m，驾驶员通过雷达及望远镜发现 Z 船仍位于本船船首向前方 300 m 左右，判断存在碰撞危险，改闪红灯示意左舷会让，并用探照灯照射船头方向，发现 Z 船船身横于本船船首前方，立即采取减速、停车措施避让。

0607 时许，在乌江 3#红浮上游约 200 m 附近水域，S 船船首右侧与 Z 船右舷中部发生碰撞。

Z 船事发日 0300 进入乌江水道下行。碰撞前 3 分钟，Z 船驶过乌江 4#红浮，驾驶员发现，在其船首偏左方向，3#红浮附近有一上行船舶（即 S 船）正在上驶并闪绿灯。随后 Z 船左舵转向，准备与来船右舷会让。

碰撞前约 1 分钟，驾驶员发现 S 船改闪红灯。0607 时许，Z 船左满舵避让，右舷中部与 S 船船首发生碰撞。

碰撞后，Z 船中部破损进水，很快沉没。

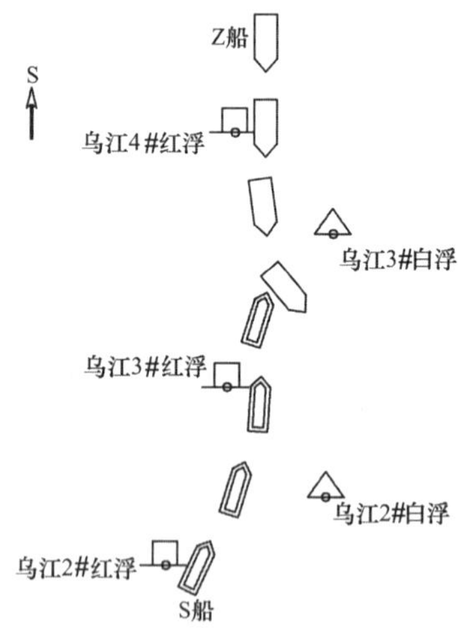

碰撞事故示意图

该事故中，如果你是 S 船驾驶员，你觉得应该怎么做，才能避免事故？

①及早通过 VHF、号灯、声号等和来船统一会让意图；②应该靠白浮标一侧上行，和来船会左舷；③电话联系不上视为来船动态不明，应该减速、停车；④上行船等让下行船驶过

A. ①②④　　B. ①②③

C. ①③④　　D. ②③④

48. 如图所示,在感潮以上河段,甲船、乙船与丙船的相互避让关系为________。

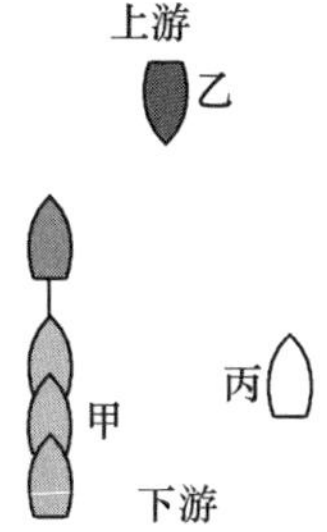

A. 甲船避让乙船,丙船避让乙船

B. 甲船避让乙船,乙船避让丙船

C. 乙船避让甲船,丙船避让乙船

D. 乙船避让甲船和丙船

49. 如图所示,在感潮河段(落潮流)界限以上水域,甲船与乙船对驶相遇,则下列说法正确的是________。

①甲船避让乙船;②乙船避让甲船;③应当互以左舷会船;④应当互以右舷会船

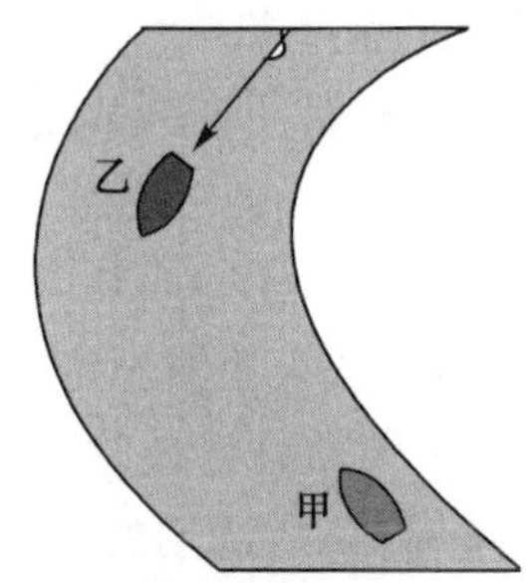

A. ①　　B. ①④

C. ②③　　D. ②④

50. 如图所示,甲船与乙船对遇,则下列说法正确的是________。

①甲船避让乙船;②乙船避让甲船;③除特殊情况以外,应当互以左舷会船;④应当互以右舷会船

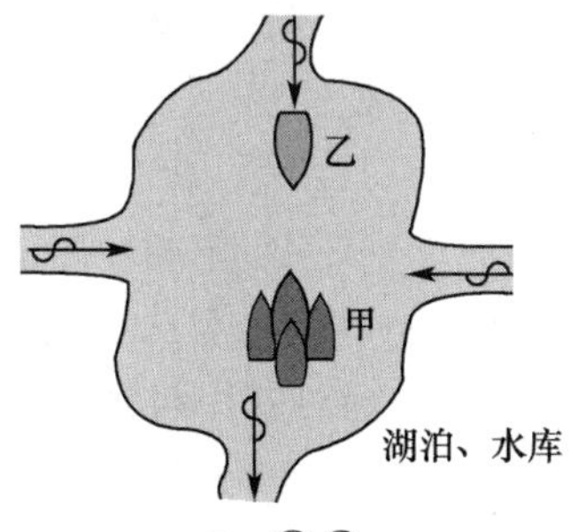

A. ①③　　B. ①④

C. ②③　　D. ②④

51. 如图所示,存在碰撞危险,各自的避让关系是________。

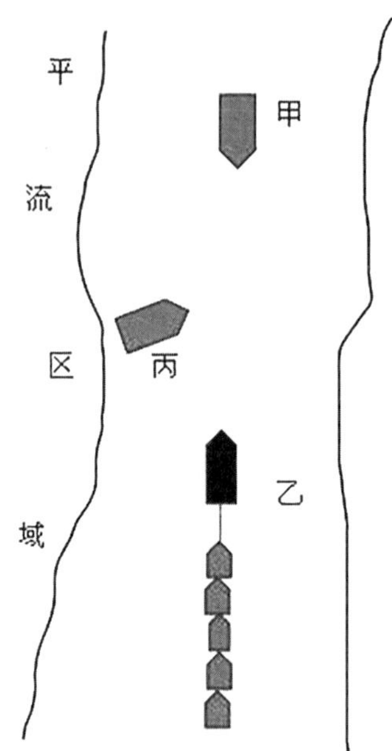

A. 甲让乙、丙,丙让乙　　　　B. 丙让甲、乙,甲让乙
C. 甲让丙,丙让乙　　　　D. 丙让乙,乙让甲

52. “单船应当避让船队”应当同时满足哪些条件?
①在感潮河段;②对驶相遇;③交叉相遇;④在湖泊、水库、平流水域
A. ①②　　　　B. ②④
C. ③④　　　　D. ①③

53. 两船对遇或者接近对遇时,应互以左舷会船的规定适用于________。
①感潮河段、湖泊、水库、平流区域,但特殊情况除外;②实施分道通航制、船舶定线制的水域;③《中华人民共和国内河避碰规则》所适用的一切水域
A. ①②　　　　B. ①③
C. ②③　　　　D. ①②③

54. 在感潮河段界限以上水域,恰遇涨潮流,顺航道行驶的吊拖船队顺流上行,与机动单船逆流下行,构成对驶相遇,则________。
A. 机动单船应当避让船队　　　　B. 吊拖船队应当避让机动单船
C. 除特殊情况外,互从左舷会过　　　　D. 互从右舷会过

55. 在感潮河段界限以上水域,顺航道行驶的船队上行,与下行显示桅灯、舷灯、尾灯的机动单船构成对驶相遇,则________。
A. 船队让单船　　　　B. 单船让船队
C. 互从左舷会过　　　　D. 互从右舷会过

56. 在感潮河段界限以上的河段,两机动船对驶相遇存在碰撞时,________。
A. 上行船应当避让下行船　　　　B. 逆流船应当避让顺流船
C. 单船应当避让船队　　　　D. 除特殊情况外,两船互以左舷会船

57. 构成机动船追越的条件是________。
①一机动船正从另一机动船正横后大于22.5°的某一方向赶上该船;②后船具有赶上和超

过前船的速度;③可能构成碰撞危险

A. ①②　　B. ①③

C. ②③　　D. ①②③

58. 构成机动船追越的条件是________。

①夜间航行,后船只能看见前船的尾灯;②后船赶上和超过前船;③构成碰撞危险

A. ①②　　B. ①③

C. ②③　　D. ①②③

59. 一机动船正从另一机动船正横后小于22.5°的某一方向赶上、超过该船时,可能构成碰撞危险,应认为追越。

A. 对　　B. 错

60. 在狭窄、弯曲航段禁止追越或者并列行驶。

A. 对　　B. 错

61. 如图所示,机动船甲追越乙船,应满足的条件是________。

①一机动船正从另一机动船正横后大于22.5°的某一方向赶上该船;②后船具有赶上和超过前船的速度;③可能构成碰撞危险

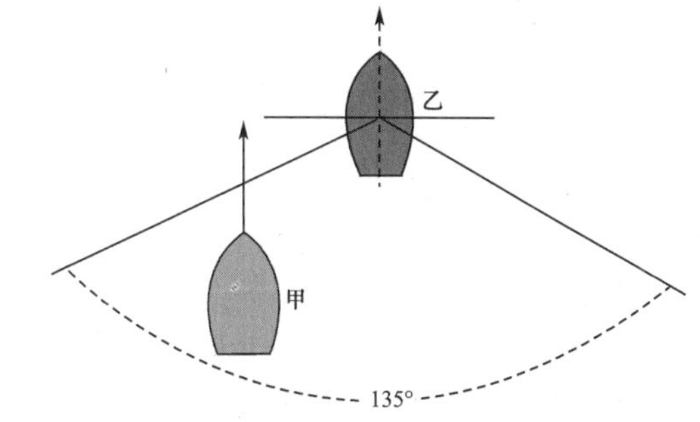

A. ①②　　B. ②③

C. ①③　　D. ①②③

62.《内规》规定,追越条款适用于________之间。

A. 机动船与机动船　　B. 机动船与人力船、帆船

C. 任何船舶　　D. 没有明确规定

63. 一机动船正从另一机动船________22.5°的某一方向赶上超过该船,并可能构成碰撞危险,应当认定为追越。

A. 正横前大于　　B. 正横前小于

C. 正横后大于　　D. 正横后小于

64. 下列关于机动船追越的"角度"条件,描述错误的是________。

A. 夜间,后船看到前船的尾灯

B. 后船位于前船正横后大于22.5°的某一方向

C. 后船看见前船的舷灯

D. 后船位于前船正后方左右67.5°的范围内

65. 你船航行中,在决定追越前船时首先要考虑什么情况?

A. 航道情况及周围环境是否满足需要　　B. 考虑前船是否同意追越

C. 航速相差大不大,能否尽快追过　　D. 对方是否愿意慢车协助

66. 机动船追越的特点是________。

A. 相对速度小,相持时间短

B. 相对速度小,相持时间长

C. 追越安全通过距离大小不受航道宽度限制

D. 两船的间距大小,与产生船间效应无关

67. 机动船追越有哪些风险?

①追越安全通过距离大小,易受航道宽度限制;②追越距离过近,易产生船间效应;③航道形态走向的变化,使追越中航路航向变动频繁,易形成航向交叉

A. ①②　　B. ①③

C. ①②③　　D. ②

68. 在可以追越的航道中,追越船鸣放的追越声号表示________。

A. 追越船正在采取行动

B. 追越船的行动要求

C. 当追越船鸣放追越声号后,即可采取行动

D. 被追越船无须按规定回答声号

69. 有关追越,下列哪项不正确?

A. 可在任何航段追越

B. 在狭窄、弯曲滩险航段禁止追越和并列行驶

C. 在桥梁水域、船闸引航道禁止追越和并列行驶

D. 在分道通航水域也可以追越

70. 追越船鸣放追越声号后,被追越船未鸣放表示是否同意的声号,则________。

A. 追越船应假定被追越船默许追越　　B. 追越船即可实施追越

C. 追越船应认为被追越船不同意追越　　D. 被追越船无须协助避让

71. 同向行驶的两机动船,前船驾驶员听到后船鸣放追越声号时,应________。

A. 立即鸣放同意声号

B. 立即鸣放不同意声号

C. 若同意追越,鸣放同意追越的声号,采取相应的协助避让行动

D. 如不同意,可以不鸣放任何声号

72. 在可以追越的航道中,追越船按规定鸣放追越声号后,若前船未回答声号,则后船应________。

A. 不得强行追越

B. 认为前船同意,所以可追越

C. 反正都由追越船负责避让,只要认为有把握就行

D. 视情况谨慎追越

73. 追越船一旦超过被追越船的船头,追越船的避让责任和义务就免除。

A. 对　　B. 错

74. 后船能否追越前船取决于航道情况、周围环境和前船是否同意追越。

A. 对　　B. 错

75. 两船追越关系一旦确定，随后不论两船相对方位有何种变化，追越船都应避让被追越船。
    A. 对　　B. 错
76. 通过 VHF 电话通信，在统一追越避让意图的情况下，追越船可以不鸣放追越声号。
    A. 对　　B. 错
77. 在追越过程中，追越船应采取不得和被追越船过于逼近和不得阻拦被追越船的船头的行动。
    A. 对　　B. 错
78. 在追越过程中，核查避让行动的有效性，只是追越船的责任和义务。
    A. 对　　B. 错
79. 当机动船追越另一机动船时，何时才能免除追越船的让路责任？
    A. 看到被追越船的舷灯　　B. 最后驶过让清
    C. 已过被追越船的船首　　D. 已过被追越船的正横
80.《内规》规定，在追越过程中，追越船为被让路船。
    A. 对　　B. 错
81.《内规》规定，在追越过程中，追越船为让路船。
    A. 对　　B. 错
82. 船舶在狭窄、弯曲、滩险航段可以追越和并列行驶。
    A. 对　　B. 错
83. 如图所示，机动船甲船追越乙船，则________。

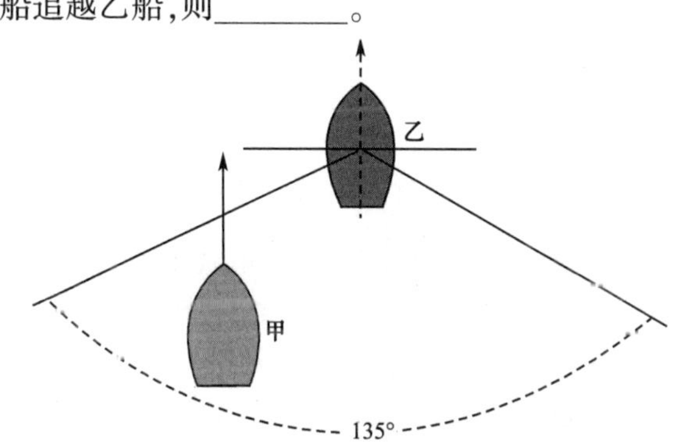

    A. 乙船无避让责任　　B. 甲、乙两船互让
    C. 乙船为被让路船　　D. 甲船为被让路船
84. 你船在航行中，听到后船的追越声号，该如何应对？
    ①可以不回答，表示默许；②根据当时的航道情况，回答是否同意的声号；③保速、保向；④协助避让，适当降低车速，让出一部分航道，减少两船并行的时间
    A. ①②③　　B. ②③④
    C. ②④　　D. ①②④
85. 你船鸣放追越声号后，被追越船未鸣放表示是否同意的声号，则________。
    A. 你船可以假定被追越船默许追越　　B. 你船自己把握是否追越
    C. 被追越船不会协助避让　　D. 你船应认为被追越船不同意追越
86. 两机动船相遇，除另有规定外，如果前船同意后船追越，且双方声号经统一，此时________。

A. 让路船先是后船，随着相对位置的改变，变成前船
B. 看位置，谁在后面，谁是让路船
C. 追越船在驶过让清以前，不管位置如何，都是让路船
D. 如果后船失控，那么前船就是让路船

87. 顺航道行驶的两船，你船（机动船）先见到他船尾灯，后来见到他船的红舷灯和桅灯构成碰撞危险时，应如何判断该会遇局面和责任？
A. 尾随行驶，你船为让路船　　B. 追越，你船为让路船
C. 交叉相遇，他船为让路船　　D. 交叉相遇，他船为被让路船

88. 在机动船追越过程中，何时才能免除追越船的让路责任？
A. 已驶过被追越船的船尾　　B. 已驶过被追越船的正横
C. 已驶过被追越船的船首　　D. 最后驶过让清

89. 在机动船追越过程中，其避让责任是________。
A. 不论后船从前船的左舷还是右舷追越，都是追越船应当避让被追越船
B. 如果被追越船转向拦阻追越船构成航向交叉，则被追越船为让路船
C. 只有在追越船与被追越船并列行驶的情况下，追越船才是让路船
D. 只要追越船驶过被追越船的船头，即可免除追越船的让路责任

90. 根据《内规》的规定，在________航段和水域禁止追越或并列行驶。
①横驶区；②桥梁水域和船闸引航道；③狭窄、弯曲、滩险
A. ①②　　B. ①③
C. ②③　　D. ①②③

91. 一艘被追越的机动船，应给下列哪种追越船让路？
A. 限于吃水的海船　　B. 快速船
C. 顶推船队　　D. 吊拖船队

92. 同向行驶的两机动船，前船驾驶员听到后船鸣放追越声号时，应________。
A. 立即鸣放同意声号，反正是由后船负责避让
B. 若同意追越，应鸣放同意追越的声号，采取相应的协助避让行动
C. 无须回答任何声号，任其追越
D. 立即给后船让路

93. 被追越船听到追越船要求追越的声号后，在航道情况和周围环境不允许时，应当通过声号表示不同意追越。
A. 对　　B. 错

94. 你船在航行中，在下列哪些航段不可以追越？
①定线制规定禁止追越的航段；②狭窄、弯曲、滩险航段；③桥梁水域、船闸引航道；④船舶定线制中规定可以追越的桥区
A. ①②③　　B. ②③④
C. ②③　　D. ①②③④

95. 你船在追越过程中，应考虑到下列哪种情况可能形成危险？
①两船横距太近；②齐头并进时间太长；③船间效应致使一船朝另一船偏转；④船舶与河岸距离太近时

A. ①②③　　B. ②③④
C. ①③④　　D. ①②③④

96. 甲船从乙船右舷追越，当船尾超过前船船首不久，即采取左转向的操纵行动，导致两船发生碰撞，下列哪些说法正确？
①甲船违反了“追越规定”拦阻了被追越船的船头；②乙船违背了《内规》同流向交叉“左让右”的规定；③甲船是让路船，应当主动避让；④乙船是被让路船，也有协助避让的责任
A. ①③④　　B. ③④
C. ①②③　　D. ①③

97. 你船在追越过程中，因两船横距过近，为避免“船吸”危险，可采取的措施有________。
①拉大横距；②及时减速；③加速提高舵效；④向外转出一定的角度，使两船首尾线的夹角呈 V 字形
A. ①②③　　B. ①②④
C. ②③④　　D. ①③④

98. 机动船应避免在下列哪些航段追越？
①弯曲、狭窄航段；②滩险航段；③桥梁水域；④感潮河段
A. ②③④　　B. ①②③
C. ①②　　D. ①②③④

99. 在可以追越的航道中，追越船向被追越船鸣放声号两长声两短声，表示________。
A. 追越船正在采取从左舷追越行动　　B. 追越船要求采取从左舷追越行动
C. 要求被追越船让出部分航道　　D. 要求被追越船减速

100. 追越船鸣放要求追越的声号后，被追越船未回答声号，则________。
A. 追越船应假定被追越船默许追越
B. 追越船应假定被追越船已做好协助避让准备
C. 追越船应假定被追越船不同意追越
D. 追越船可以自行决定是否追越

101. 追越船向被追越船协调避让意图时，下列做法正确的是________。
A. 在不需要被追越船采取协助行动的条件下，追越船不必鸣放要求追越的声号
B. 不论是否需要被追越船采取协助行动，追越船仍应鸣放要求追越的声号
C. 追越船鸣放了表示要求追越的声号后，前船未回答声号，仍可以追越
D. 追越船通过 VHF 电话表示要求追越后，只要前船电话同意后，就可以追越

102. 在追越过程中，追越船应采取下列哪些行动？
①不得和被追越船过于逼近；②不得阻拦被追越船的船头；③密切关注被追越船动态变化；④在保证安全距离的条件下，加速追越
A. ②③④　　B. ①②③
C. ①②　　D. ①②③④

103. 被追越船听到追越船企图追越的声号后，下列做法不正确的是________。
A. 在航道情况和周围环境允许时，应当用声号表示同意追越
B. 在航道情况和周围环境不允许时，应当用声号表示不同意追越
C. 被追越船一旦同意追越，应密切关注追越船的动态

D. 被追越船一旦同意追越,根据追越船动态决定是否主动避让

104. 被追越船听到追越船企图追越的声号后,应采取下列什么行动?

①应当用声号表示是否同意追越;②一旦同意追越,就应尽可能采取让出一部分航道和减速等行动;③如当时环境和航道允许追越,不必回答声号;④尽可能保持原来的航向和航速行驶

A. ①②　　B. ①②③

C. ③④　　D. ①②③④

105. 对被追越船的行动要求有________。

①只要航道情况和周围环境允许,就应同意追越船追越;②尽可能让出部分航道,供追越船通过;适当减速,缩短追越时间;③发现前方有可能影响安全追越的情况时,及时通知追越船予以注意

A. ①②　　B. ②③

C. ①③　　D. ①②③

106. 案例分析:

如图所示,事故航段为长江通州沙至狼山沙东水道,为主航道,该航道 22#浮标以下航道向左弯曲。该航段为江苏定线制航段,船舶密度大,通航条件差。

事故日 0020 时甲船行驶到 20#浮与 21-1#黑浮连线上约 1500 m 处,乙船在距甲船后面 0.6 n mile 处要求左舷追越。甲船明确告诉乙船"我沿浮筒连线,抱黑浮上行,右边已无避让余地,请保持一定横距",并回答同意。

0040 时甲船行驶到 22#黑浮,横距约 20 m,航速 8.8 kn,航向 355°。此时,乙船航速为10.2 kn,船首追平甲船船尾,两船横距约为 50 m 左右。

0043 时乙船中部平甲船船首,乙船突然大角度向右转向。甲船立即用 VHF 06 频道与乙船联系,无任何反应。甲船立即右满舵、前进一,发现两船夹角还在变大。甲船立即全速倒车,当时横距仅有 20 m 左右。

0045 时乙船右舷中部撞击甲船船首左侧,造成甲船船首左侧舷墙长约 15 m、宽约 1 m的凹陷,总损失约 20 万元人民币。

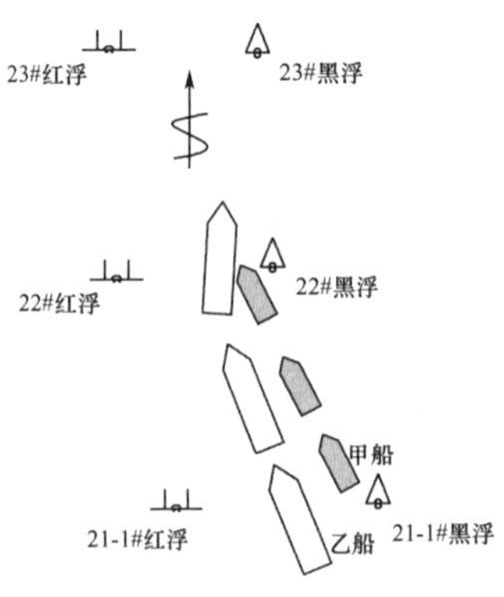

碰撞事故示意图

你认为该起事故中，关于承担责任及理由的叙述，正确的是________。

A. 甲船负主要责任，未采用安全航速是导致本次事故的主要原因

B. 甲船负主要责任，甲船疏忽瞭望、未协助避让是导致事故的主要原因

C. 乙船负主要责任，乙船应该主动避让甲船，禁止拦阻甲船船头

D. 乙船负主要责任，乙船选择追越地点不当，在弯曲航道不可追越

107. 案例分析：

如图所示，事故航段为长江通州沙至狼山沙东水道，为主航道，该航道22#浮标以下航道向左弯曲。该航段为江苏定线制航段，船舶密度大，通航条件差。

事故日0020时甲船行驶到20#浮与21-1#黑浮连线上约1500 m处，乙船在距甲船后面0.6 n mile处要求左舷追越。甲船明确告诉乙船“我沿浮筒连线，抱黑浮上行，右边已无避让余地，请保持一定横距”，并回答同意。

0040时甲船行驶到22#黑浮，横距约20 m，航速8.8 kn，航向355°。此时，乙船航速为10.2 kn，船首追平甲船船尾，两船横距约为50 m左右。

0043时乙船中部平甲船船首，乙船突然大角度向右转向。甲船立即用VHF 06频道与乙船联系，无任何反应。甲船立即右满舵、前进一，发现两船夹角还在变大。甲船立即全速倒车，当时横距仅有20 m左右。

0045时乙船右舷中部撞击甲船船首左侧，造成甲船船首左侧舷墙长约15 m、宽约1 m的凹陷，总损失约20万元人民币。

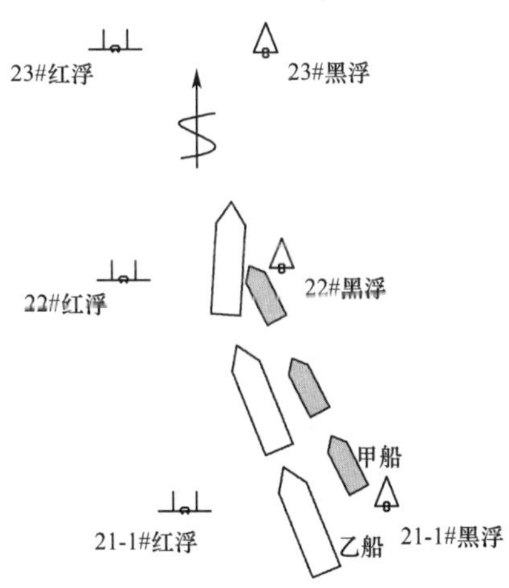

碰撞事故示意图

你认为该起事故中，造成事故的最重要的一个原因是________。

A. 乙船追越航段选择错误，在弯曲航段是禁止追越的

B. 甲船未主动避让乙船，未适当地用慢车减少追越的时间

C. 乙船应该主动避让甲船，禁止拦阻甲船船头

D. 甲船未明确说明在弯曲航道不同意追越

108. 案例分析：

如图所示，事故航段为长江通州沙至狼山沙东水道，为主航道，该航道22#浮标以下航道向左弯曲。该航段为江苏定线制航段，船舶密度大，通航条件差。

事故日0020时甲船行驶到20#浮与21-1#黑浮连线上约1500 m处，乙船在距甲船后面0.6 n mile处要求左舷追越。甲船明确告诉乙船“我沿浮筒连线，抱黑浮上行，右边已无避让余地，请保持一定横距”，并回答同意。

0040时甲船行驶到22#黑浮，横距约20 m，航速8.8 kn，航向355°。此时，乙船航速为10.2 kn，船首追平甲船船尾，两船横距约为50 m左右。

0043时乙船中部平甲船船首，乙船突然大角度向右转向。甲船立即用VHF 06频道与乙船联系，无任何反应。甲船立即右满舵、前进一，发现两船夹角还在变大。甲船立即全速倒车，当时横距仅有20 m左右。

0045时乙船右舷中部撞击甲船船首左侧，造成甲船船首左侧舷墙长约15 m、宽约1 m的凹陷，总损失约20万元人民币。

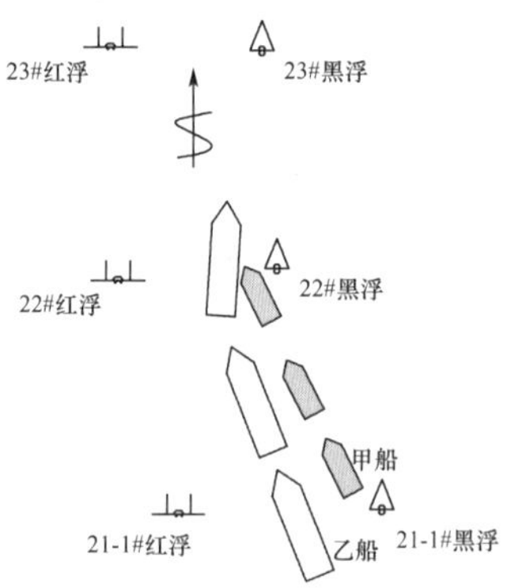

碰撞事故示意图

你认为该起事故中，甲船存在哪些疏忽？

①在弯曲航道不应该同意追越；②没有使用声号、灯光信号；③应急措施失误，没有及早地停车、倒车；④没有采取尽可能让出一部分航道的措施协助避让

A. ①②④　　B. ①②③

C. ①③④　　D. ②③④

109. 案例分析：

如图所示，事故航段为长江通州沙至狼山沙东水道，为主航道，该航道22#浮标以下航道向左弯曲。该航段为江苏定线制航段，船舶密度大，通航条件差。

事故日0020时甲船行驶到20#浮与21-1#黑浮连线上约1500 m处，乙船在距甲船后面0.6 n mile处要求左舷追越。甲船明确告诉乙船“我沿浮筒连线，抱黑浮上行，右边已无避让余地，请保持一定横距”，并回答同意。

0040时甲船行驶到22#黑浮，横距约20 m，航速8.8 kn，航向355°。此时，乙船航速为10.2 kn,船首追平甲船船尾,两船横距约为 50 m 左右。

0043 时乙船中部平甲船船首,乙船突然大角度向右转向。甲船立即用 VHF 06 频道与乙船联系,无任何反应。甲船立即右满舵、前进一,发现两船夹角还在变大。甲船立即全速倒车,当时横距仅有 20 m 左右。

0045 时乙船右舷中部撞击甲船船首左侧,造成甲船船首左侧舷墙长约 15 m、宽约 1 m的凹陷,总损失约 20 万元人民币。

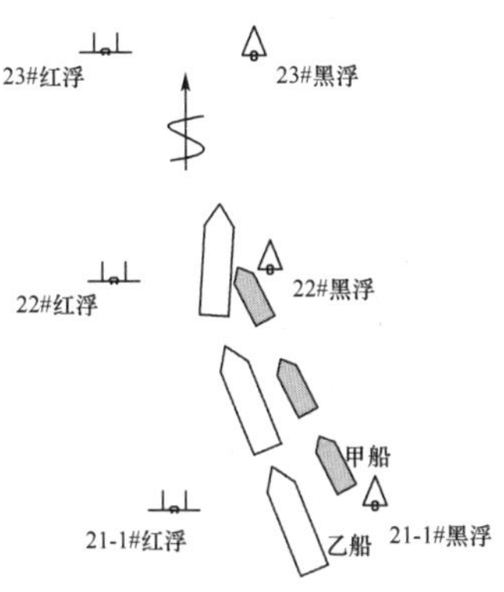

碰撞事故示意图

你认为该起事故中,乙船存在哪些疏忽?

①在弯曲航道不应该追越;②没有使用声号、灯光信号;③应急措施失误,没有及早地停车、倒车;④拦阻被追越船的船头

A. ①②④　　B. ①②③

C. ①③④　　D. ②③④

110. 案例分析:

如图所示,事故航段为长江通州沙至狼山沙东水道,为主航道,该航道 22#浮标以下航道向左弯曲。该航段为江苏定线制航段,船舶密度大,通航条件差。

事故日 0020 时甲船行驶到 20#浮与 21-1#黑浮连线上约 1500 m 处,乙船在距甲船后面 0.6 n mile 处要求左舷追越。甲船明确告诉乙船"我沿浮筒连线,抱黑浮上行,右边已无避让余地,请保持一定横距",并回答同意。

0040 时甲船行驶到 22#黑浮,横距约 20 m,航速 8.8 kn,航向 355°。此时,乙船航速为10.2 kn,船首追平甲船船尾,两船横距约为 50 m 左右。

0043 时乙船中部平甲船船首,乙船突然大角度向右转向。甲船立即用 VHF 06 频道与乙船联系,无任何反应。甲船立即右满舵、前进一,发现两船夹角还在变大。甲船立即全速倒车,当时横距仅有 20 m 左右。

0045 时乙船右舷中部撞击甲船船首左侧,造成甲船船首左侧舷墙长约 15 m、宽约 1 m的凹陷,总损失约 20 万元人民币。

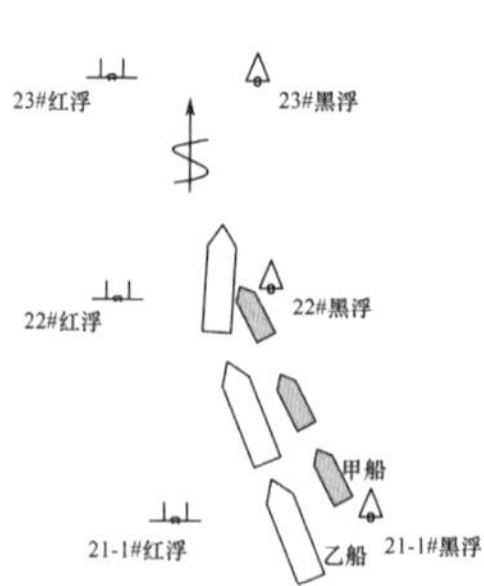

碰撞事故示意图

你认为该起事故中，甲船存在哪些疏忽？

①违反航行原则，航路错误；②没有及早减速协助避让；③没有按规定使用声号；④没有采取尽可能让出一部分航道的措施协助避让

A. ①②　　　　B. ②③

C. ③④　　　　D. ①④

111. 案例分析：

如图所示，事故航段为长江通州沙至狼山沙东水道，为主航道，该航道22#浮标以下航道向左弯曲。该航段为江苏定线制航段，船舶密度大，通航条件差。

事故日0020时甲船行驶到20#浮与21-1#黑浮连线上约1500 m处，乙船在距甲船后面0.6 n mile处要求左舷追越。甲船明确告诉乙船"我沿浮筒连线，抱黑浮上行，右边已无避让余地，请保持一定横距"，并回答同意。

0040时甲船行驶到22#黑浮，横距约20 m，航速8.8 kn，航向355°。此时，乙船航速为10.2 kn，船首追平甲船船尾，两船横距约为50 m左右。

0043时乙船中部平甲船船首，乙船突然大角度向右转向。甲船立即用VHF 06频道与乙船联系，无任何反应。甲船立即右满舵、前进一，发现两船夹角还在变大。甲船立即全速倒车，当时横距仅有20 m左右。

0045时乙船右舷中部撞击甲船船首左侧，造成甲船船首左侧舷墙长约15 m、宽约1 m的凹陷，总损失约20万元人民币。

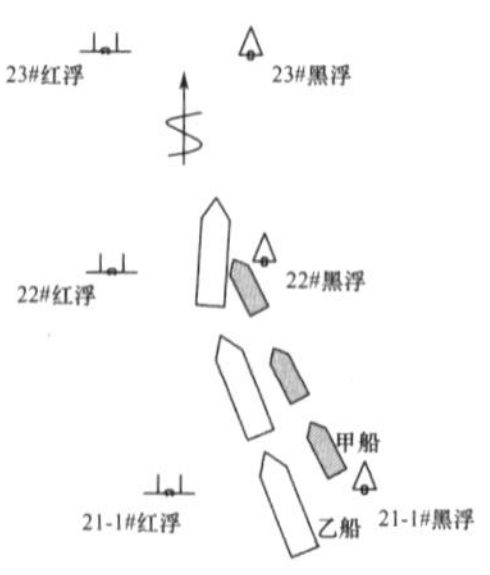

碰撞事故示意图

你认为该起事故中,乙船存在哪些疏忽?

①使用 VHF 通信替代声号;②没有保持好横距;③左舷追越错误;④拦阻被追越船的船头

A. ①②④　　B. ①②③

C. ①③④　　D. ②③④

112. 在弯曲航段,相反方向顺航道行驶的两机动船相遇,存在碰撞危险时,适用于机动船横越和交叉相遇条款。

A. 对　　B. 错

113. 机动船横越和交叉相遇条款规定横越船都必须避让顺航道或河道行驶的船,是为了强化横越船的避让责任,规范机动船的横越行为。

A. 对　　B. 错

114.《内规》规定,________在横越前,应当注意航道情况和周围环境,在确认无碍他船行驶时,按规定鸣放声号后,方可以横越。

A. 人力船　　B. 帆船

C. 机动船　　D. 任何船舶

115. 在弯曲航段,相反方向顺航道行驶的两机动船存在碰撞危险时,适用《内规》第十二条"机动船横越和交叉相遇"的规定。

A. 对　　B. 错

116. 以下说法正确的是________。

A. 横越船都应当避让顺航道或河道行驶的船

B. 一船从航道左侧横向或接近横向驶向航道右侧属于横越

C. 一船从左岸驶向右岸属于横越

D. 一船从顺航道行驶船的一舷越过船首到另一舷不属于横越

117. 航行中,你船需要横越,应当履行"无碍他船行驶"的义务,具体表现在________。

①根据当时的环境、条件和需要留出足够水域供他船安全通过;②在横越他船船首正前方时,必须有足够的安全距离;③适用于两船相遇致有构成碰撞危险之前;④适用于两船相遇致有构成碰撞危险之后

A. ①②③　　B. ①②③④

C. ①②④　　D. ①③④

118. 你船(机动船)在横越前,应当采取下列哪些行动?

①注意航道情况和周围环境;②确认无碍他船行驶;③鸣放一长声;④在夜间显示红光闪光灯或者绿光闪光灯;⑤用 VHF 发布你船动态提醒周围船舶注意

A. ①③⑤　　B. ①②③

C. ①②③⑤　　D. ②③④⑤

119. 你船(机动船)在航行中,当与顺航道行驶船舶的船首的距离逼近时,一边鸣笛,一边横越,不顾顺航道行驶的船舶的示意、警告,发生了碰撞事故,下列哪些说法正确?

①你船违背了《内规》有关横越船不得"突然和强行横越"的规定;②你船没有履行"无碍他船行驶"的义务;③顺航道行驶船舶应该协助避让;④顺航道行驶的船舶不承担避让的义务

A. ①②　　B. ①②③④

C. ①②③　　D. ②③④

120. 在某航道两机动船交叉相遇,应包括________。
①同流向的两横越船交叉相遇;②不同流向的两横越船交叉相遇;③一艘顺航道行驶船与其右正横后大于35°的另一艘顺航道行驶的船相遇
A. ①②　　B. ①②③
C. ②③　　D. ①

121. 同流向的两横越船交叉相遇时,除另有规定外,则________。
A. 有他船在本船右舷者,应给他船让路　B. 两船均负有同等的避让责任和义务
C. 单船应避让船队　D. 双方协商避让

122. 在平流区域,同为上行或下行的两横越船交叉相遇,存在碰撞危险时,除另有规定外,则________。
A. 有他船在本船右舷者,应给他船让路　B. 单船应避让船队
C. 有他船在本船左舷者,应给他船让路　D. 下游横越船应避让上游横越船

123. 在湖泊、水库,两机动船交叉相遇,存在碰撞危险时,除另有规定外,则________。
A. 上行船应避让下行船　B. 单船应避让船队
C. 有他船在本船右舷者,应给他船让路　D. 两船协商避让

124. 在平流水域,同为上行或下行的两艘横越机动船交叉相遇,存在碰撞危险时的避让行动为________。
A. 应互从右舷会船
B. 单船应避让船队
C. 应互从左舷会船
D. 有他船在本船右舷者,应给他船让路

125. 同流向的两横越船交叉相遇,上游横越船应当避让下游横越船。
A. 对　B. 错

126. 两艘均显示桅灯、舷灯、尾灯的机动船同流向交叉相遇时,两船中能看见一船红光舷灯的机动船是让路船。
A. 对　B. 错

127. 在平流区域,同为上行或下行的两横越船交叉相遇时,除另有规定外,则有他船在本船右舷者,应给他船让路。
A. 对　B. 错

128. “有他船在本船右舷者,应当给他船让路”的规定,不适用于________。
A. 在湖泊、水库两机动船交叉相遇
B. 同流向的两横越船交叉相遇
C. 在平流区域同为上行或下行的两横越船相遇
D. 不同流向的两横越船相遇

129. 机动船顺航道航行,见左前方有一船桅杆上垂直显示三盏红灯,两船航向交叉,则________。
A. 机动船为让路船
B. 机动船为被让路船

C. 他船是让路船

D. 适用于"有他船在本船右舷者,应当给他船让路"的原则

130. 在感潮河段内,一机动船(甲船)横向驶向航道另一侧,恰遇乙船正由航道另一侧横向驶来,两船构成交叉相遇,且流向相同。按照《内规》规定,此时应按________的避让条款进行避让。

A. "上行船避让下行船"

B. "逆流船避让顺流船"

C. "有他船在本船右舷者,应当给他船让路"

D. 没有明确规定,两船协商确定

131. 你船(机动船)沿左岸上行横越主航道与右岸另一重载上行船队向本岸驶来,构成交叉相遇,存在碰撞危险,则________。

A. 船队让你船　　B. 单船让船队

C. 两船均负有同等的避让责任和义务　　D. 视具体情况而定

132. 在感潮河段界限以上,恰遇涨潮流,你船顺流横越航道,与一逆流横越船队交叉相遇,存在碰撞危险,则________。

A. 按照"逆让顺",船队让你船　　B. 按照"上让下",你船让船队

C. 按照"单船让船队",你船让船队　　D. 不好判断,视具体情况而定

133. 在感潮河段,恰遇涨潮流,你船顺流上行横越航道,与一逆流下行横越船队交叉相遇,存在碰撞危险,则________。

A. 按照"逆让顺",船队让你船

B. 按照"上让下",你船让船队

C. 按照"单船让船队",你船让船队

D. 不好判断,视具体情况而定

134. 横越船(机动船)与一艘顺航道行驶的船舶(机动船)相遇存在碰撞危险,则________。

A. 横越船应当避让顺航道行驶的船舶

B. 横越船应当采取向右转向的行动

C. 顺航道行驶的船舶保持原来的航向行驶

D. 两船构成航向交叉,按"有他船在本船右舷者,应给他船让路"的原则避让

135. 在感潮河段,若一艘机动船与一船队构成同流向两横越船交叉相遇存在碰撞危险,则________。

A. 有他船在本船右舷者,应给他船让路

B. 单船应当避让船队

C. 从左岸驶向右岸的横越船应避让从右岸驶向左岸的横越船

D. 横越角度较小的横越船应当避让横越角度较大的横越船

136. 在湖泊、水库,一艘机动船与一船队交叉相遇存在碰撞危险时,其避让责任是________。
①当两船不同流向时,上行船应当避让下行船;②当两船同一流向时,单船应避让船队;③不论两船是否同一流向交叉相遇,有他船在本船右舷者,应给他船让路

A. ①②　　B. ①③

C. ①②③　　D. ③

137. 在感潮河段界线以上,一艘顺航道行驶的机动船,与下列哪种船舶横越航道时相遇,适用于"机动船横越和交叉相遇"条款规定?

A. 在航施工的工程船　　B. 帆船

C. 限于吃水的海船　　D. 船队

138. 甲船为一艘正在横越航道的机动船,乙船为一艘顺航道行驶的机动船,两船相遇,存在碰撞危险,此时两船的避让关系是________。

A. 上行船应避让横越船　　B. 横越船是被让路船

C. 甲船是让路船　　D. 视具体情况而定

139. 在湖泊、水库水域,甲船为一船队,在其右前方有一机动船为乙船,甲、乙两船构成交叉相遇,存在碰撞危险时,甲、乙两船的避让行动为________。

A. 乙船应避让甲船　　B. 甲船应避让乙船

C. 上行船应当避让下行船　　D. 甲、乙两船互让

140. 一艘横越的客渡船(长江干线),与一艘顺航道行驶的上行机动船相遇,若致有碰撞危险,则________。

A. 两船采取互让的避让行动

B. 有他船在本船右舷者,应给他船让路

C. 客渡船应避让顺航道行驶的机动船

D. 顺航道行驶的机动船应避让客渡船

141. 甲船是正在横越航道的机动船,乙船是顺航道行驶的机动船,两船相遇,存在碰撞危险时,两机动船的避让关系是________。

A. 上行船应避让横越船　　B. 横越船是被让路船

C. 甲船是让路船　　D. 乙船是让路船

142. 在下列机动船"交叉相遇"中,________不适用机动船"交叉相遇"条款避让关系的规定。

A. 一艘顶推船队与一艘吊拖船队交叉相遇

B. 一艘顶推船队与一艘航标艇交叉相遇

C. 一艘客渡船与一艘限于吃水的海船交叉相遇

D. 一艘监督艇与一艘航标艇交叉相遇

143. 机动船横越前应无碍他船行驶,意味着横越船________。

A. 应尽可能慢速行驶

B. 应采取行动以留出足够的水域供他船安全通过,不致构成碰撞危险

C. 应尽可能采用避免产生紧迫局面的方法航行

D. 应尽可能采用避免产生紧迫危险的方法航行

144. 在平流水域,你船下行横越航道与一上行横越船队交叉相遇,存在碰撞危险,除另有规定外,则________。

A. 你船应避让船队

B. 上行船队应避让你船

C. 单船应该避让船队

D. 有他船在本船右舷者,应当给他船让路

145. 在湖泊、水库中航行,一艘机动船与一支船队交叉相遇,存在碰撞危险,则________。

A. 上行船让下行船　　B. 逆流船让顺流船

C. 单船让船队　　D. 居左让居右

146. 关于机动船横越的条件和时机，下列说法不适当的是________。

A. 在确认没有来船的情况下，可以横越

B. 当发现有顺航道行驶的船驶来，不得横越

C. 当发现有顺航道行驶的船驶来，在确认无碍来船行驶时，可以横越

D. 在确认是否妨碍来船行驶时，应根据来船类型、大小、速度、距离等因素进行判断

147. 关于机动船横越行为，下列说法正确的是________。

①机动船横越时，尽可能避免与顺航道行驶船舶构成碰撞危险；②不得从顺航道行驶船的前方强行横越；③一旦与顺航道行驶船舶构成碰撞危险，仍负有不妨碍顺航道行驶船舶安全通行的责任

A. ②③　　B. ①③

C. ①②③　　D. ②

148. 案例分析：

如图所示，事故航段实行船舶定线制，航道中间 1/5 宽度为分隔带，上下行船舶各自靠右沿上下行通航分道行驶。

甲船是一艘满载的万吨黄沙船，事故当日 0700 时在北侧锚地起锚，视线良好。起锚后计划掉头横越通航分道，沿下行通航分道下行。

0740 时甲船开始掉头，此时观察发现，下游 2 千米左右有两艘海船一前一后上行（相距很近）。通过 VHF 电话联系前面一艘海船 D 船，海船 D 船同意从甲船船尾通过；于是甲船继续正常掉头，后发现另外一艘海船乙船大角度左转向，向分隔带行驶，速度很快，甲船连忙停车，用 VHF 电话联系乙船，无人应答。后发现两船迅速接近，全速倒车，未能避免碰撞。

乙船是上行海船，事故前正在追越 D 船，未听到甲船联系，发现甲船掉头时，没有及时减速停止追越，而是大角度转向，采取把掉头的甲船置于右舷的避让方法。整个过程中，乙船没有减速，碰撞时乙船航速高达 11.7 节。

事故导致甲船沉没，无人员伤亡。

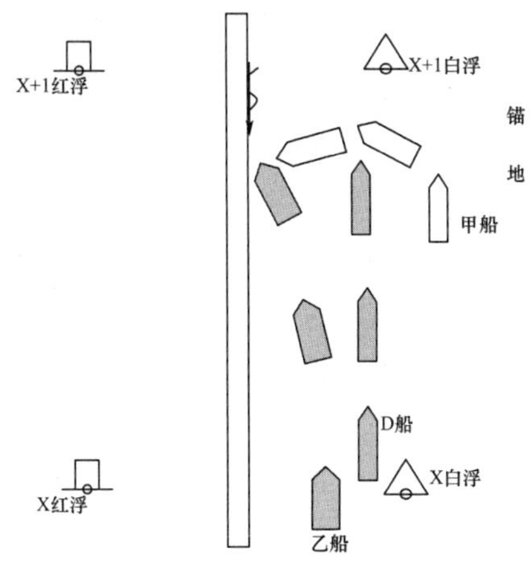

碰撞事故示意图

你认为该起事故中,造成事故的最重要的一个原因是________。

A. 乙船没有及时减速、尾随

B. 乙船疏忽瞭望,没有及时发现甲船

C. 甲船瞭望疏忽,没有使用声号

D. 甲船没有履行义务,横越时妨碍他船航行

149. 案例分析:

如图所示,事故航段实行船舶定线制,航道中间 1/5 宽度为分隔带,上下行船舶各自靠右沿上下行通航分道行驶。

甲船是一艘满载的万吨黄沙船,事故当日 0700 时在北侧锚地起锚,视线良好。起锚后计划掉头横越通航分道,沿下行通航分道下行。

0740 时甲船开始掉头,此时观察发现,下游 2 千米左右有两艘海船一前一后上行(相距很近)。通过 VHF 电话联系前面一艘海船 D 船,海船 D 船同意从甲船船尾通过;于是甲船继续正常掉头,后发现另外一艘海船乙船大角度左转向,向分隔带行驶,速度很快,甲船连忙停车,用 VHF 电话联系乙船,无人应答。后发现两船迅速接近,全速倒车,未能避免碰撞。

乙船是上行海船,事故前正在追越 D 船,未听到甲船联系,发现甲船掉头时,没有及时减速停止追越,而是大角度转向,采取把掉头的甲船置于右舷的避让方法。整个过程中,乙船没有减速,碰撞时乙船航速高达 11.7 节。

事故导致甲船沉没,无人员伤亡。

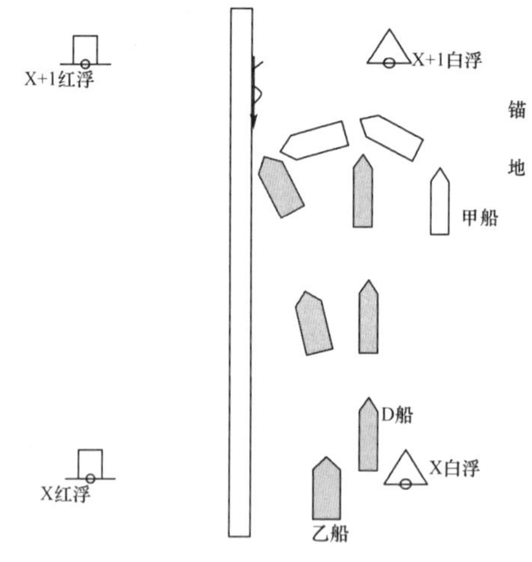

碰撞事故示意图

你认为该起事故中,乙船存在哪些疏忽?

①未采取协助避让的措施;②未保持正规瞭望;③未履行不妨碍的义务;④违反追越的规定

A. ①②④　　B. ①②③

C. ①③④　　D. ②③④

150. 案例分析：

如图所示，事故航段实行船舶定线制，航道中间 1/5 宽度为分隔带，上下行船舶各自靠右沿上下行通航分道行驶。

甲船是一艘满载的万吨黄沙船，事故当日 0700 时在北侧锚地起锚，视线良好。起锚后计划掉头横越通航分道，沿下行通航分道下行。

0740 时甲船开始掉头，此时观察发现，下游 2 千米左右有两艘海船一前一后上行（相距很近）。通过 VHF 电话联系前面一艘海船 D 船，海船 D 船同意从甲船船尾通过；于是甲船继续正常掉头，后发现另外一艘海船乙船大角度左转向，向分隔带行驶，速度很快，甲船连忙停车，用 VHF 电话联系乙船，无人应答。后发现两船迅速接近，全速倒车，未能避免碰撞。

乙船是上行海船，事故前正在追越 D 船，未听到甲船联系，发现甲船掉头时，没有及时减速停止追越，而是大角度转向，采取把掉头的甲船置于右舷的避让方法。整个过程中，乙船没有减速，碰撞时乙船航速高达 11.7 节。

事故导致甲船沉没，无人员伤亡。

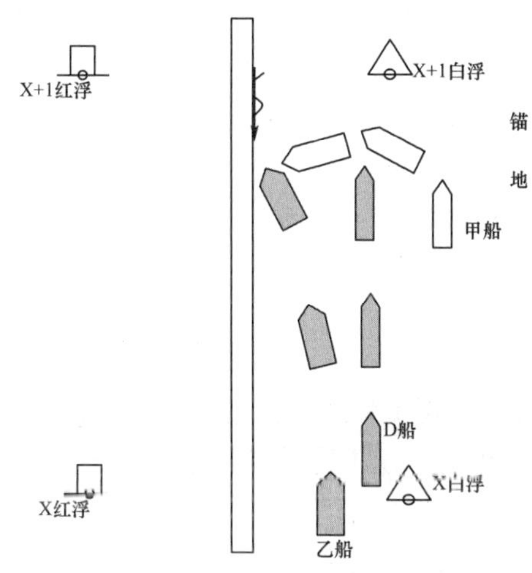

碰撞事故示意图

你认为该起事故中，甲船存在哪些疏忽？

①未显示信号；未按规定鸣放声号；②未保持正规瞭望；③未履行不妨碍的义务；④违反《内规》第八条航行原则，选择航路错误

A. ①②④　　　　B. ①②③

C. ①③④　　　　D. ②③④

151. 案例分析题：

如图所示，事故航段实行船舶定线制，航道中间 1/5 宽度为分隔带，上下行船舶各自靠右沿上下行通航分道行驶。

甲船是一艘满载的万吨黄沙船，事故当日 0700 时在北侧锚地起锚，视线良好。起锚后计划掉头横越通航分道，沿下行通航分道下行。

0740 时甲船开始掉头，此时观察发现，下游 2 千米左右有两艘海船一前一后上行（相距很近）。通过 VHF 电话联系前面一艘海船 D 船，海船 D 船同意从甲船船尾通过；于是甲船继续正常掉头，后发现另外一艘海船乙船大角度左转向，向分隔带行驶，速度很快，甲船连忙停车，用 VHF 电话联系乙船，无人应答。后发现两船迅速接近，全速倒车，未能避免碰撞。

乙船是上行海船，事故前正在追越 D 船，未听到甲船联系，发现甲船掉头时，没有及时减速停止追越，而是大角度转向，采取把掉头的甲船置于右舷的避让方法。整个过程中，乙船没有减速，碰撞时乙船航速高达 11.7 节。

事故导致甲船沉没，无人员伤亡。

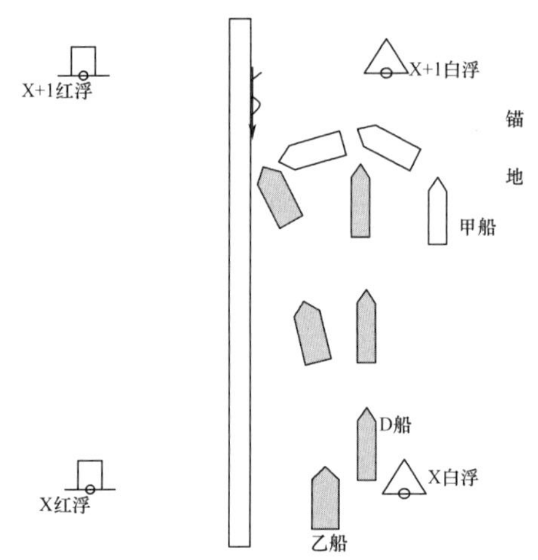

碰撞事故示意图

你认为该起事故中，关于承担责任及理由的叙述，正确的是________。

A. 甲船负主要责任，掉头及横越不得妨碍他船行驶

B. 甲船负主要责任，甲船未按规定鸣放声号

C. 乙船负主要责任，乙船强行追越是事故主要原因

D. 乙船负主要责任，乙船未减速、停车是事故的主要原因

152. 案例分析：

如图所示，事故航段实行船舶定线制，航道中间 1/5 宽度为分隔带，上下行船舶各自靠右沿上下行通航分道行驶。

甲船是一艘满载的万吨黄沙船，事故当日 0700 时在北侧锚地起锚，视线良好。起锚后计划掉头横越通航分道，沿下行通航分道下行。

0740 时甲船开始掉头，此时观察发现，下游 2 千米左右有两艘海船一前一后上行（相距很近）。通过 VHF 电话联系前面一艘海船 D 船，海船 D 船同意从甲船船尾通过；于是甲船继续正常掉头，后发现另外一艘海船乙船大角度左转向，向分隔带行驶，速度很快，甲船连忙停车，用 VHF 电话联系乙船，无人应答。后发现两船迅速接近，全速倒车，未能避免碰撞。

乙船是上行海船，事故前正在追越 D 船，未听到甲船联系，发现甲船掉头时，没有及时减速停止追越，而是大角度转向，采取把掉头的甲船置于右舷的避让方法。整个过程

中,乙船没有减速,碰撞时乙船航速高达 11.7 节。

事故导致甲船沉没,无人员伤亡。

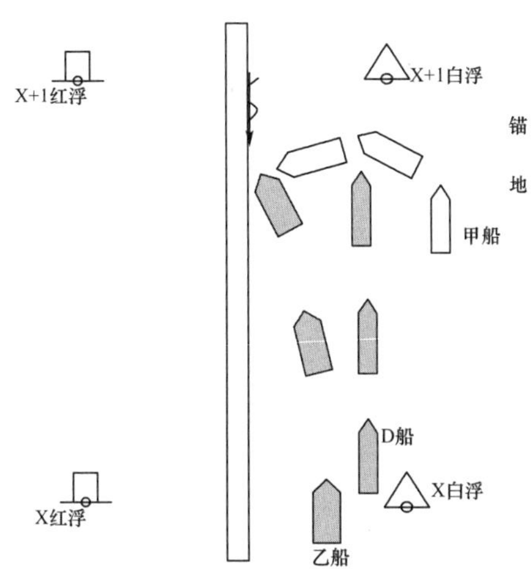

碰撞事故示意图

如果你是乙船驾驶人员,你认为乙船正确的做法是________。

①加强瞭望,使用 VHF 电话及早联系甲船统一会让意图;②发现横越船有碍本船航行,及时减速,停止追越,尾随 D 船行驶;③主动履行不妨碍他船掉头的义务;④采取措施,协助避让

A. ①②④　　　　B. ①②③

C. ①③④　　　　D. ②③④

153. 案例分析:

如图所示,事故航段实行船舶定线制,航道中间 1/5 宽度为分隔带,上下行船舶各自靠右沿上下行通航分道行驶。

甲船是一艘满载的万吨黄沙船,事故当日 0700 时在北侧锚地起锚,视线良好。起锚后计划掉头横越通航分道,沿下行通航分道下行。

0740 时甲船开始掉头,此时观察发现,下游 2 千米左右有两艘海船一前一后上行(相距很近)。通过 VHF 电话联系前面一艘海船 D 船,海船 D 船同意从甲船船尾通过;于是甲船继续正常掉头,后发现另外一艘海船乙船大角度左转向,向分隔带行驶,速度很快,甲船连忙停车,用 VHF 电话联系乙船,无人应答。后发现两船迅速接近,全速倒车,未能避免碰撞。

乙船是上行海船,事故前正在追越 D 船,未听到甲船联系,发现甲船掉头时,没有及时减速停止追越,而是大角度转向,采取把掉头的甲船置于右舷的避让方法。整个过程中,乙船没有减速,碰撞时乙船航速高达 11.7 节。

事故导致甲船沉没,无人员伤亡。

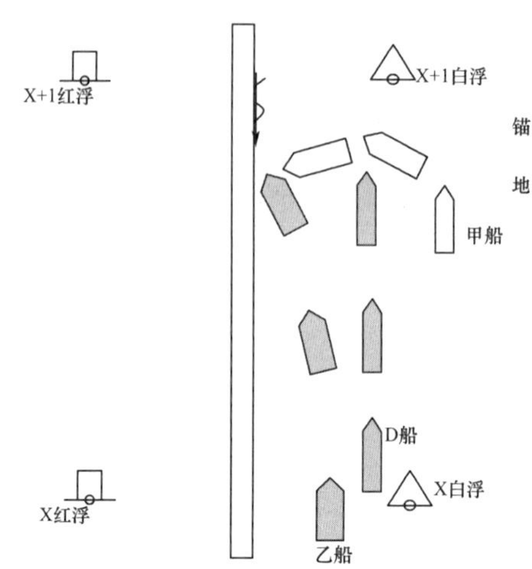

碰撞事故示意图

如果你是甲船驾驶人员，你认为甲船正确的做法是________。

①加强瞭望，使用 VHF 电话及早联系统一会让意图；②发现有船驶来，动态不明，及时终止掉头和横越；③主动履行不妨碍他船行驶的义务；④采取措施，协助避让

A. ①②④　　B. ①②③

C. ①③④　　D. ②③④

154. 如图所示，在感潮河段以上，两机动船交叉相遇构成碰撞危险，下面说法正确的是________。

①甲船避让乙船；②乙船避让甲船；③丙船避让丁船；④丁船避让丙船

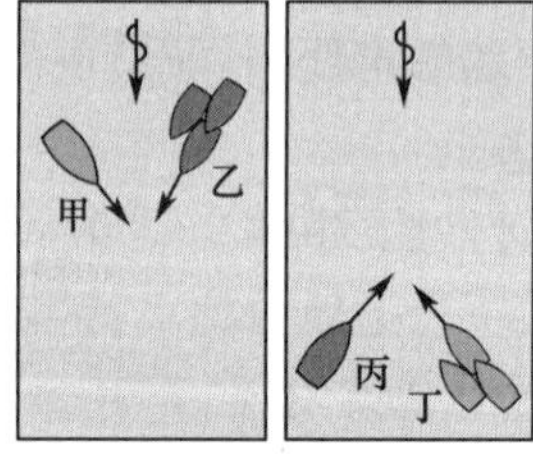

A. ①③　　B. ①④

C. ②③　　D. ②④

155. 如图所示，两机动船交叉相遇构成碰撞危险，下面说法正确的是________。

①甲船避让乙船；②乙船避让甲船；③丙船避让丁船；④丁船避让丙船

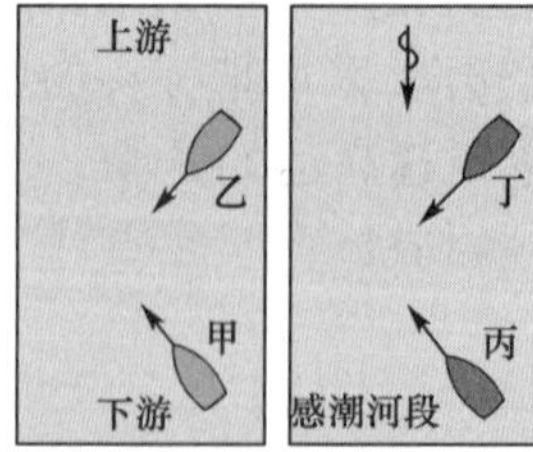

A. ①③　　B. ①④

C. ②③　　　　D. ②④

156. 如图所示，两机动船交叉相遇构成碰撞危险，下面说法正确的是________。

①甲船避让乙船；②乙船避让甲船；③丙船避让丁船；④丁船避让丙船

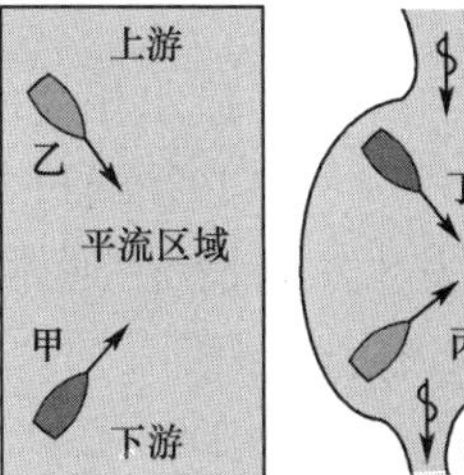

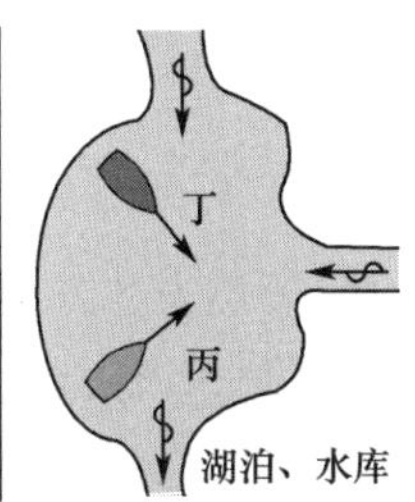

A. ①③　　　　B. ①④

C. ②③　　　　D. ②④

157. 机动船尾随行驶时，后船应当与前船保持适当距离，“适当距离”应理解为________。

A. 前船发生意外时，以后船有足够的距离采取有效行动避免碰撞为准

B. 仅以后船的制动能力、冲程和操作性能来具体掌握为准

C. 与前船保持3~5倍本船船长

D. 与前船保持1~2倍本船船长即可

158. 尾随行驶的两船中，前船为一船队，后船为一艘机动船，前船因故搁浅正悬挂搁浅信号，后船碰上前船。就此事故分析，________是让路船，________应负主要事故责任。

A. 后船；后船　　　　B. 前船；前船

C. 后船；前船　　　　D. 前船；后船

159. 机动船尾随行驶时，后船应当避让前船的主要原因在于后船无论是减速避让还是转向避让，都占有优势和主动。

A. 对　　　　B. 错

160. 机动船尾随行驶时，前船如突然发生意外情况，没有责任和义务鸣放或显示规定信号。

A. 对　　　　B. 错

161. 机动船尾随行驶时，一旦前船突然发生意外情况，下述说法不正确的是________。

A. 用VHF电话通知后船　　　　B. 鸣放相应的声号

C. 显示相应的信号　　　　D. 前船没必要通知后船

162. 你船尾随行驶，前船为船队，你船为一机动船，前船因故搁浅正用VHF电话发布船舶动态，你船因措施不当而碰撞前船。就此事分析，________应是让路船，________应负主要事故责任。

A. 你船；船队　　　　B. 船队；船队

C. 你船；你船　　　　D. 船队；你船

163. 机动船尾随行驶，后船为让路船，前船为被让路船，因为后船无论是转向还是减速避让，都占有优势和主动。

A. 正确　　　　B. 错误

164. 机动船尾随行驶时，后船应当与前船保持适当距离，“适当”的含义是________。

①距离安全；②距离恰当；③以便前船突发意外时，能有充分的余地采取避免碰撞的措施；④越远越好，保证避让行动的有效性

A. ①②　　B. ②③④

C. ①②③　　D. ①②③④

165. 航行中，一机动船尾随你船行驶，一旦你船突然发生意外情况，下述说法不妥当的是________。

A. 用 VHF 电话通知后船　　B. 显示相应的信号

C. 鸣放相应的声号　　D. 必须通过 VTS 通知后船

166. 关于机动船尾随行驶，“前船突然发生意外情况”通常包括________。

①减速、停车、倒车；②失去控制；③搁浅、触礁

A. ①②　　B. ①②③

C. ①③　　D. ②③

167. 前船为一支船队，后船为一艘显示桅灯、舷灯、尾灯的机动船，尾随行驶时，则________。

A. 船队应当避让机动船　　B. 机动船应当避让船队

C. 两船协商避让　　D. 双方无避让责任

168. 《内规》规定“机动船尾随行驶时，后船应当与前船保持适当距离”的目的是________。

A. 方便前船掉头操作

B. 方便前船的会让操作

C. 以便前船突然发生意外时，能有充分的余地采取避免碰撞的措施

D. 避免影响前船的操作

169. 后船尾随前船所应保持的适当距离，与船舶类型、大小、航速、操纵性能和风、浪、流等因素相关。

A. 对　　B. 错

170. 两机动船尾随行驶时，后船应当与前船保持适当距离的目的是________。

A. 以便前船的掉头操作　　B. 以便前船的避让操作

C. 后船有充分余地采取避碰措施　　D. 以便前船的转向操纵

171. 在湖泊、水库航行，前船为一艘显示桅灯、舷灯、尾灯的机动船，后船为一船队，两者尾随行驶时，________。

A. 后船应当避让前船　　B. 单船应当避让船队

C. 应当互以左舷会船　　D. 居左的船应当让居右的船

172. 两机动船尾随行驶时，后船应采取哪些行动？

①与前船至少保持 2 倍船长的距离，防止前船发生意外情况；②主动避让前船；③根据前船的动态变化及时调整本船的航速和航向

A. ①②　　B. ②③

C. ①③　　D. ①②③

173. 在长江干线上，一艘航行的客渡船与一艘顺航道或河道行驶的机动船相遇，存在碰撞危险时，客渡船是________。

A. 被让路船　　B. 让路船

C. 不应被妨碍的船舶　　D. 不应妨碍的船舶

174. 在长江干线上，一艘顺航道行驶的客渡船与一艘横越显示桅灯、舷灯、尾灯的机动船相遇，致有碰撞危险，则________。

A. 机动船应当避让客渡船　　B. 客渡船应当避让机动船

C. 两船协商避让　　D. 两船无避让责任

175. 在长江干线航行的客渡船不得从顺航道或河道行驶的机动船的船首方向强行横越。

A. 对　　B. 错

176. 在长江干线非感潮河段,一艘下行的客渡船与一艘上行的车渡船构成对驶相遇局面时,客渡船是让路船。

A. 对　　B. 错

177. 在长江干线感潮河段界限以上,你船上行与一下行客渡船对驶相遇,致有碰撞危险,则________。

A. "上让下",你船让客渡船

B. 客渡船避让你船

C. 有他船在本船右舷者,应当给他船让路

D. 互以左舷会船

178. 在感潮河段,你船(机动船)下行从航道的左侧驶向对岸,恰遇一艘下行横江渡船从航道的右侧驶来,存在碰撞危险,则________。

①横江渡船应当避让你船;②你船应当避让横江渡船;③你船应当采取措施协助避让;④横江渡船可以减速从你船船尾通过

A. ②④　　B. ①③④

C. ③④　　D. ①③

179. 在长江干线感潮河段界限以上的水域,一艘下行横越的客渡船,与一艘上行横越的船队构成交叉相遇,则________。

A. 客渡船应当避让船队

B. 船队应当避让客渡船

C. 有他船在本船右舷者,应当给他船让路

D. 应当互会左舷

180. 任何情况下,在长江干线航行的客渡船都必须避让________。

A. 顺航道或河道行驶的船舶　　B. 横越船

C. 掉头的船舶　　D. 离泊的船舶

181. 在长江干线上,一艘顺航道行驶的客渡船与一艘横越的机动船相遇存在碰撞危险时,________。

A. 机动船应当避让客渡船

B. 客渡船应当避让机动船

C. 按"有他船在本船右舷者,应当给他船让路"的原则避让

D. 客渡船不应妨碍机动船的行驶

182. 两艘渡船对驶相遇时,不适用机动船对驶相遇条款。

A. 对　　B. 错

183. 在感潮河段,两渡船对驶相遇存在碰撞危险时,下列说法不正确的是________。

A. 逆流船应避让顺流船

B. 上行船应避让下行船

C. 两渡船如构成接近对遇,除特殊情况外,应以左舷会船

D. 驶近弯曲航段,应当用 VHF 电话周期性通报船位和动态

184. 机动船驶经支流河口,下列说法正确的是________。

A. 在不违背《内规》第八条(航行原则)的规定下,应尽可能地沿支流河口对岸一侧行驶

B. 在不违背《内规》第八条(航行原则)的规定下,应尽可能地绕开行驶

C. 可以违背《内规》第八条(航行原则)远离河口行驶

D. 按照《内规》第八条(航行原则)的规定行驶即可

185. 机动船驶经支流河口时,在不违背《中华人民共和国内河避碰规则》第八条(航行原则)的规定下,应当尽可能沿支流河口对岸一侧行驶。

A. 对　　　　B. 错

186. 如图所示,两机动船在平流区域进出干、支流交汇水域相遇,此时的避让关系是________。

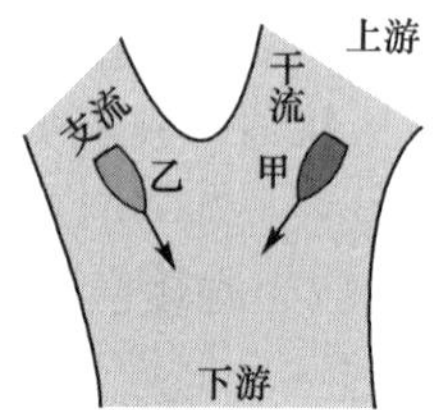

A. 按"有他船在本船右舷者,应当给他船让路"的原则,应甲船让乙船

B. 按干流船避让支流船的原则,应甲船让乙船

C. 按"有他船在本船右舷者,应当给他船让路"的原则,应乙船让甲船

D. 按干流船避让支流船的原则,应乙船让甲船

187. 机动船驶经支流河口,下列说法不正确的是________。

A. 应注意干流与支流的水流相互作用明显,水流流态较复杂

B. 应注意干、支流交汇水域船舶通航密度较大,会遇态势较复杂

C. 驶经支流河口前,应当鸣放声号一长声

D. 驶经支流河口时,不可绕开行驶

188. 航行中,机动船驶经支流河口前应采取下列哪些行动?

①加强瞭望,谨慎驾驶;②鸣放一长声,夜间可用探照灯向上空照射以引起注意;③在不违背《内规》第八条(航行原则)的情况下,应当尽可能地绕开行驶

A. ①②　　　　B. ①③

C. ②③　　　　D. ①②③

189. "有他船在本船右舷者,应当给他船让路"的规定适用于两机动船在平流区域进出干、支流交汇水域相遇时的情况吗?

A. 不适用

B. 适用

C. 只适用于两机动船在叉河口相遇,同一流向行驶时

D. 只适用于同流向的两横越船交叉相遇和在湖泊、水库两机动船交叉相遇

190. 两机动船在平流区域进出干、支流交汇水域相遇,存在碰撞危险时,其避让关系是________。

A. 有他船在本船右舷者,应当给他船让路
B. 上行船应当避让下行船
C. 从支流驶出的船舶应当避让干流船
D. 有他船在本船左舷者,应当给他船让路

191. 除平流区域以外,两机动船在干、支流交汇水域相遇,干流船与支流驶出的船同一流向行驶存在碰撞危险时的避让行动是________。
A. 上行船应避让下行船 B. 两船应当互让
C. 干流船应避让支流船 D. 支流船应避让干流船

192. 两支船队在干、支流交汇水域(非平流区域)相遇时,从干流驶进支流的船,应当避让从支流驶出的船。
A. 对 B. 错

193. 两艘显示桅灯、舷灯、尾灯的机动船在干、支流交汇水域(非平流区域)相遇时,干流船同支流驶出的船同一流向行驶时,从支流驶出的船应当避让干流船。
A. 对 B. 错

194. 两机动船在感潮河段的干、支流交汇水域相遇,干流船同从支流驶出的船不同流向时,除另有规定外,逆流船应避让顺流船。
A. 对 B. 错

195. 两支船队在平流区域的干、支流交汇水域相遇,干流船队与从支流驶出的船队在同一流向时,干流船应当避让支流驶出船。
A. 对 B. 错

196. 两支船队在干、支流交汇水域(非平流区域)相遇,干流船队与从支流驶出的船队在同一流向时航向交叉存在碰撞危险,则________。
A. 从支流驶出的船队应避让干流船队 B. 干流船队应当避让从支流驶出的船队
C. 有他船在本船右舷者,应给他船让路 D. 两船队均负有同等的避让责任

197. 除平流区域外,在干、支流交汇水域相遇的干流船应当避让从支流驶出的船。
A. 对 B. 错

198. 在平流区域,一机动船从支流驶出上行,与过往的上行的限于吃水的海船相遇致有碰撞危险时,避让原则是________。
A. 海船应避让支流船
B. 支流船应避让海船
C. 遵循“有他船在本船右舷者,应当给他船让路”的原则
D. 两船均负有同等的避让责任

199. 两机动船在平流区域进出干、支流交汇水域相遇时,应遵循________的避让要求。
A. 有他船在本船右舷者,应当给他船让路
B. 从干流驶进支流的船,应当避让从支流驶出的船
C. 从支流驶出的船,应当避让从干流驶进支流的船
D. 两船同一流向时,干流船应当避让从支流驶出的船

200. 在感潮河段以上航段的干、支流交汇水域,干流船与从支流驶出的船舶(两船均为机动船)同一流向行驶存在碰撞危险,则________。

A. 干流船应当避让从支流驶出的船
B. 从支流驶出的船应当避让干流船
C. 有他船在本船右舷者,应给他船让路
D. 有他船在本船左舷者,应给他船让路

201. 在感潮河段,干流船与从支流驶出的船舶(两船均为机动船)在干、支流交汇水域相遇存在碰撞危险时,下列说法不正确的是________。
A. 如干流船驶进支流,则应当避让从支流驶出的船舶
B. 如同一流向,则干流船应当避让从支流驶出的船舶
C. 如不同流向,则逆流船应当避让顺流船
D. 有他船在本船右舷者,应当给他船让路

202. 在平流区域,干流船与从支流驶出的船舶(两船均为机动船)在干、支流交汇水域相遇存在碰撞危险,则________。
A. 同一流向时,干流船应当避让从支流驶出的船舶
B. 同一流向时,从支流驶出的船舶应当避让干流船
C. 不同流向时,上行船应当避让下行船
D. 有他船在本船右舷者,应当给他船让路

203. 如图所示,除平流区域以外,甲为一下行准备进支流的机动船,乙为一从支流驶出下行的机动船,丙为一上行的限于吃水的海船,它们之间相遇存在碰撞危险,相互的避让关系是________。

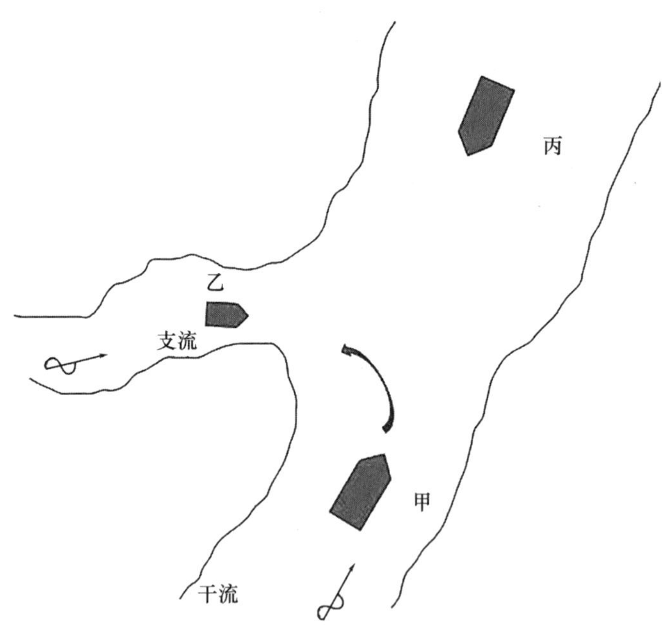

A. 甲让乙、丙,乙让丙　　B. 甲让乙、丙,丙让乙
C. 丙让甲、乙,甲让乙　　D. 乙让甲、丙,甲让丙

204. 如图所示,除平流区域以外,甲为一下行准备进支流的机动船,乙为一从支流驶出下行的快速船,丙为一上行的限于吃水的海船,它们之间相遇存在碰撞危险,相互的避让关系是________。

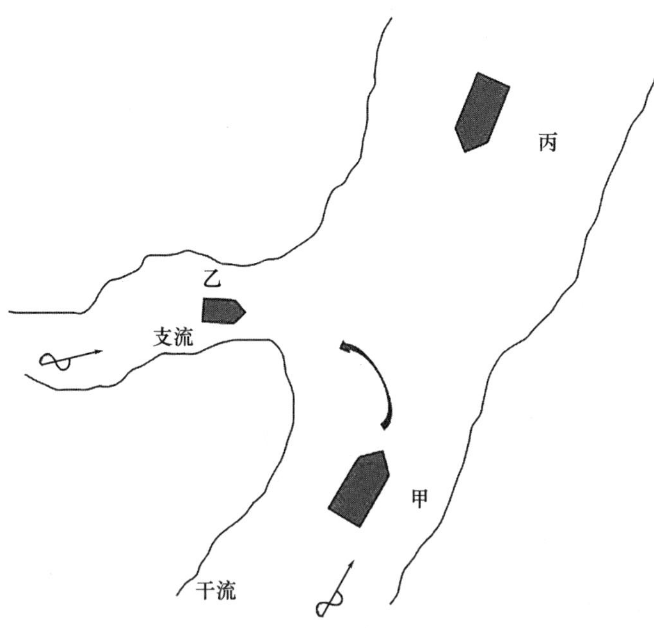

A. 甲让乙、丙,乙让丙　　　　B. 乙让甲、丙,丙让甲
C. 丙让甲、乙,甲让乙　　　　D. 乙让甲、丙,甲让丙

205. 如图所示,在感潮河段界限以上,甲为一下行的机动船,乙为一支流出口的下行机动船,丙为一上行的限于吃水的海船,相互的避让关系是________。

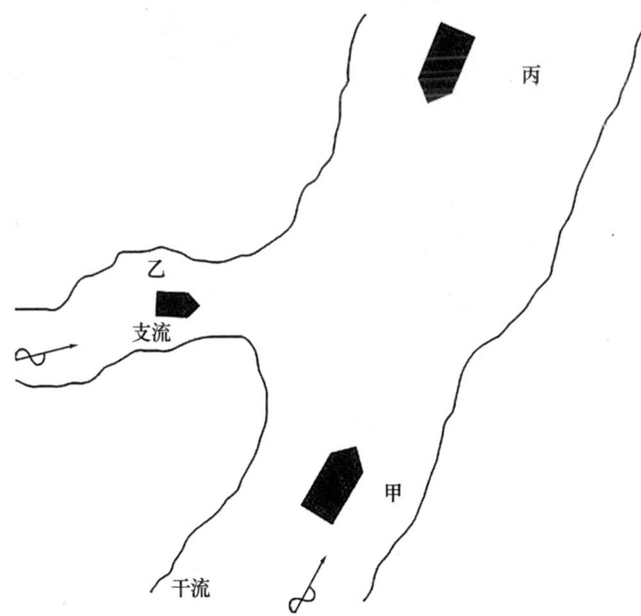

A. 甲让乙、丙,乙让丙　　　　B. 乙让甲、丙,丙让甲
C. 丙让甲、乙,甲让乙　　　　D. 乙让甲、丙,甲让丙

206. 如图所示，在感潮河段界限以上，甲为一下行的机动船，乙为一支流出口的下行机动船，丙为一上行的机动船，它们之间相遇存在碰撞危险，相互的避让关系是________。

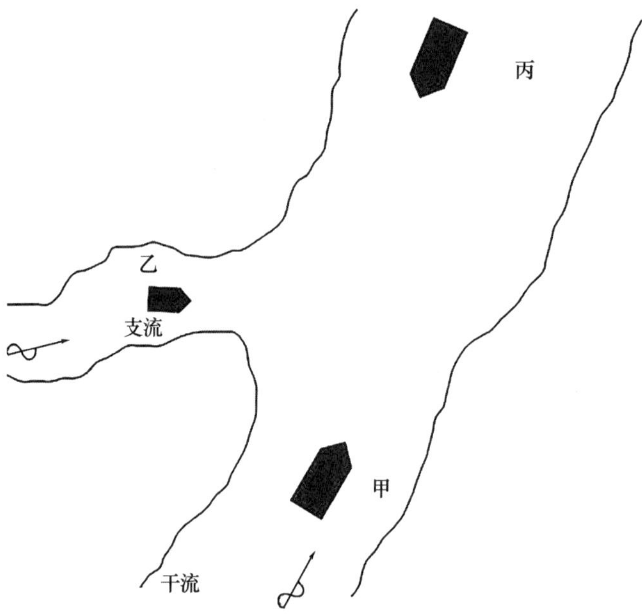

A. 甲让乙、丙，乙让丙　　B. 乙让甲、丙，丙让甲

C. 丙让甲、乙，甲让乙　　D. 乙让甲、丙，甲让丙

207. 如图所示，在感潮河段界限以上，甲为一下行的机动船，乙为一支流出口的上行机动船，丙为一上行的机动船，它们之间相遇存在碰撞危险，相互的避让关系是________。

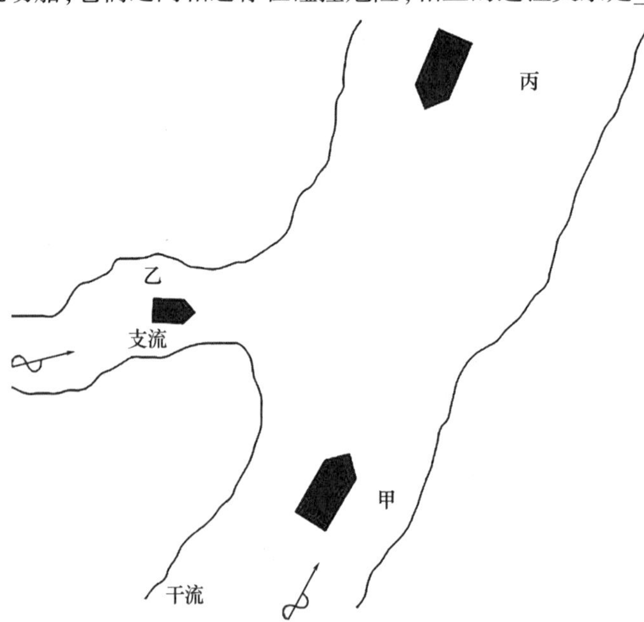

A. 甲让乙、丙，乙让丙　　B. 乙让甲、丙，丙让甲

C. 丙让甲、乙，乙让甲　　D. 乙让甲、丙，甲让丙

208. 如图所示为平流区域,甲为一下行的机动船,乙为一支流出口的下行机动船,丙为一上行的机动船,它们之间相遇存在碰撞危险,相互的避让关系是________。

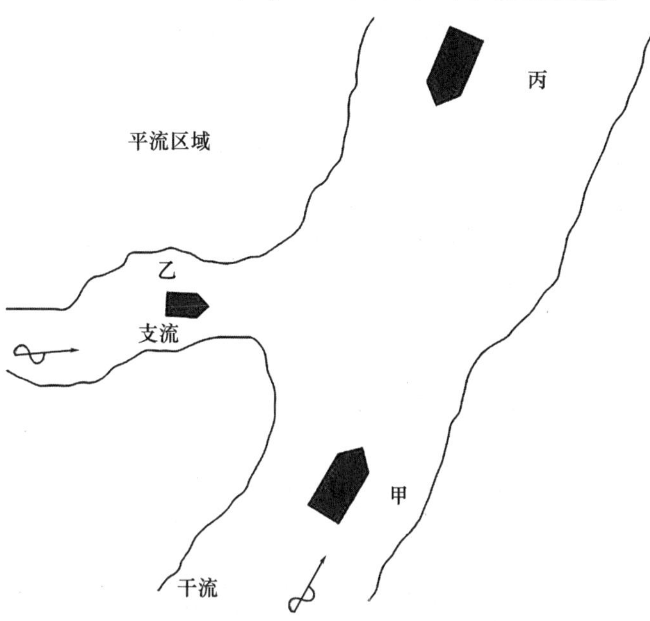

A. 乙让甲、丙,丙让甲　　B. 甲让乙、丙,乙让丙
C. 乙让甲、丙,甲让丙　　D. 丙让甲、乙,乙让甲

209. 如图所示为平流区域,甲为一下行的快速船,乙为一支流出口的下行机动船,丙为一上行的机动船,它们之间相遇存在碰撞危险,相互的避让关系是________。

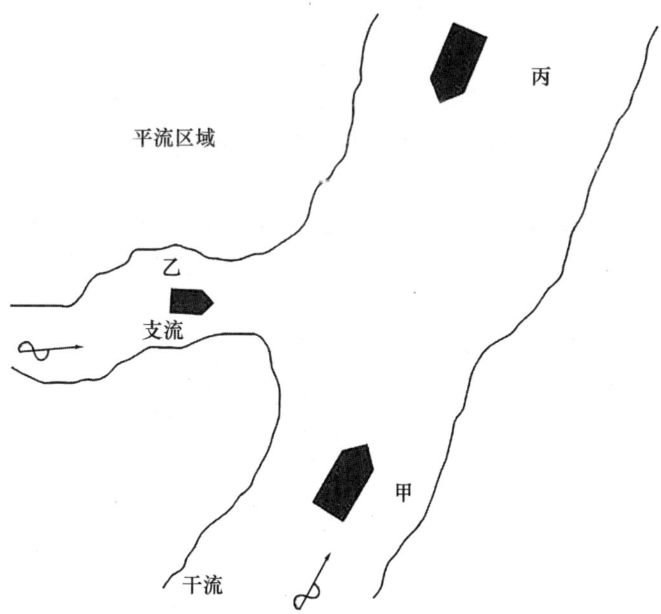

A. 乙让甲、丙,丙让甲　　B. 甲让乙、丙,丙让乙
C. 乙让甲、丙,甲让丙　　D. 丙让甲、乙,乙让甲

210. 两船队在感潮河段的干、支流交汇水域相遇，干流船与从支流驶出的船不同流向时，________。

①上行船应避让下行船；②逆流船应避让顺流船；③除特殊情况外，两船互从左舷会船

A. ①　　B. ②

C. ③　　D. ②③

211. 两船队在干、支流交汇水域（非平流区域）相遇，干流船与从支流驶出的船同一流向航向交叉时，________。

①从支流驶出的船应避让干流船；②干流船应当避让从支流驶出的船；③有他船在本船右舷者，应当给他船让路

A. ①　　B. ②

C. ③　　D. ①②

212. 如图所示，除平流区域以外，两机动船在干、支流交汇水域相遇，其相互避让关系是________。

①甲船避让乙船；②乙船避让甲船；③丙船避让丁船；④丁船避让丙船

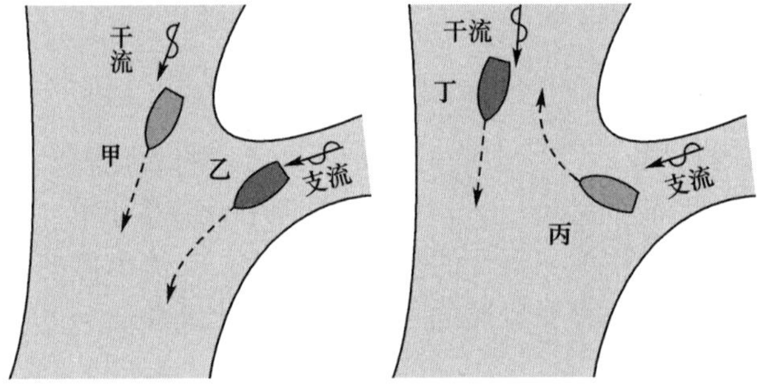

A. ①③　　B. ②④

C. ①④　　D. ②③

213. 如图所示，机动船在干、支流交汇水域（除平流区域外）相遇，下面有关避让关系的说法正确的是________。

①甲船避让丙船；②丙船避让甲船；③乙船避让丙船；④丙船避让乙船

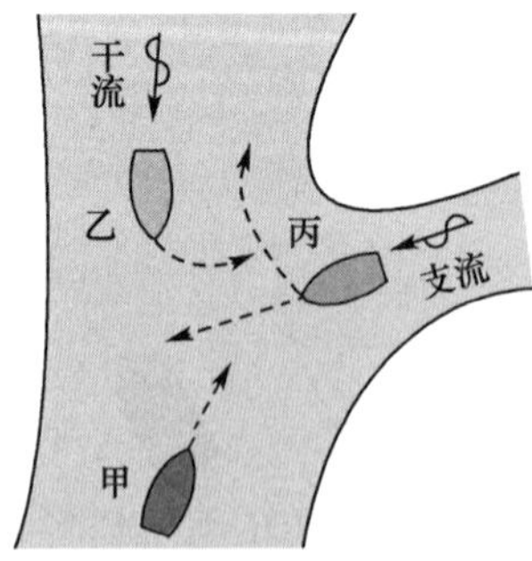

A. ①③　　B. ②④

C. ①④　　D. ②③

214. 如图所示，两机动船在干、支流交汇水域相遇，其避让关系为________。

①甲船避让乙船；②乙船避让甲船；③丙船避让丁船；④丁船避让丙船

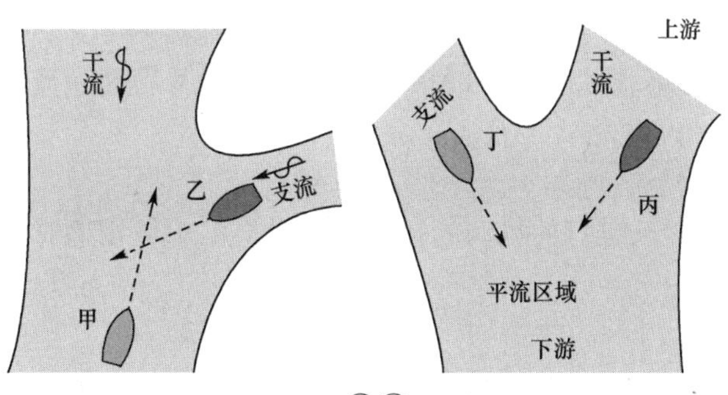

A. ①③　　B. ②④

C. ①④　　D. ②③

215. 如图所示，两机动船在叉河口相遇，其相互避让关系为________。

①甲船避让乙船；②乙船避让甲船；③丙船避让丁船；④丁船避让丙船

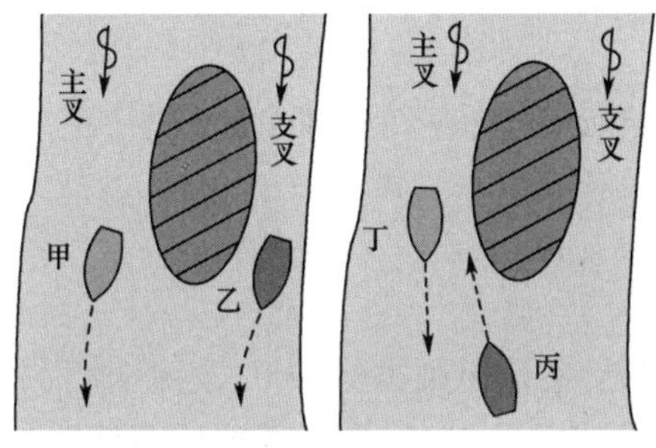

A. ①③　　B. ②④

C. ①④　　D. ②③

216. 两支船队在叉河口相遇，同一流向行驶时，________。

A. 小型船队应避让大型船队

B. 有他船在本船右舷者，应当给他船让路

C. 有他船在本船左舷者，应当给他船让路

D. 从主叉驶出的船应给从支叉驶出的船让路

217. 在主航道下驶的一连续显示黄闪光灯的机动船，恰遇一支从左侧副航道驶出，朝向下驶的船队，两船在叉河口处相遇，有碰撞危险，此时________为让路船。

A. 从副航道驶出的船队　　B. 在主航道下驶的机动船

C. 两船互为让路船　　D. 两船协商确定其中任一船为让路船

218. "有他船在本船右舷者，应当给他船让路"的规定适用于两机动船在叉河口相遇，同一流向行驶时的情况吗？

A. 不适用

B. 适用

C. 只适用于平流区域两机动船在干、支流交汇水域进出相遇

D. 只适用于同流向的两横越船交叉相遇和湖泊、水库两机动船交叉相遇

219. 在主航道上，一艘顺航道下驶的船队，恰遇从左侧副航道驶出下行的机动船，两船在叉河口处相遇构成碰撞危险，此时谁是让路船？

A. 副航道驶出的机动船　　B. 主航道下驶的船队

C. 两船互为让路船　　D. 不存在让路船

220. 一艘显示桅灯、舷灯、尾灯机动船和一支船队进入主叉后同一流向尾随行驶时，后船应当避让前船。

A. 对　　B. 错

221. 两艘显示桅灯、舷灯、尾灯的机动船在两条航道交汇水域相遇时，应遵循机动船在叉河口相遇条款。

A. 对　　B. 错

222. 两艘显示桅灯、舷灯、尾灯的机动船在叉河口汇合处相遇，同一流向行驶时，有他船在本船右舷者，应当给他船让路。

A. 对　　B. 错

223. 在感潮河段界限以上水域，两船队上行在叉河口分叉处相遇，同一流向行驶时，驶出支叉的船队应当避让驶出主叉的船队。

A. 对　　B. 错

224. 两机动船在叉河口汇合处相遇，存在碰撞危险，同一流向行驶时，有他船在本船右舷者，应当给他船让路。

A. 对　　B. 错

225. 以下说法错误的是________。

A. 机动船在叉河口相遇，避让原则类似于干、支流交汇水域

B. 两机动船在感潮河段的叉河口相遇，逆流船应避让顺流船

C. 两机动船在平流河段的叉河口同向行驶，有他船在本船右舷者，应当给他船让路

D. 机动船在叉河口相遇除感潮河段外，遵循上行船避让下行船的原则

226. 如图所示，甲、乙两机动船在叉河口相遇，应如何避让？

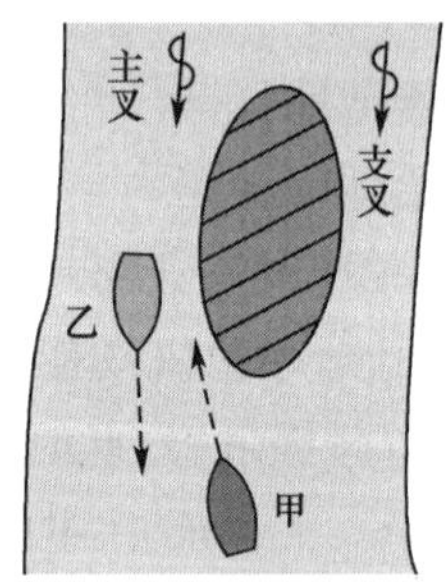

A. 甲、乙两船互让　　B. 乙船应让甲船

C. 甲船应让乙船　　D. 乙船无避让责任

227. 在感潮河段界限以上水域，两支船队在叉河口相遇，不同流向行驶时________。

A. 上行船应避让下行船　　B. 逆流船应避让顺流船

C. 有他船在本船右舷者，应给他船让路　　D. 单船应避让船队

228. 在感潮河段界限以上，甲船为朝下游方向顺航道行驶的船队，乙船为该航道右侧叉河道驶出的朝上游方向行驶的机动船，两船在叉河口相遇，存在碰撞危险时，甲乙两船避让关系应是________。

A. 上行船乙船是让路船

B. "有他船在本船右舷者，应当给他船让路"，故甲船为让路船

C. 单船应避让船队,则乙船应避让甲船

D. 两船协商确定

229. 同为下行的一吊拖船队与一货船在叉河口相遇,其避让关系为________。

A. 货船避让船队

B. 船队避让货船

C. 两者避让关系同等

D. 遵循“有他船在本船右舷者,应当给他船让路”的原则

230. 在感潮河段,甲船为一艘限于吃水的海船,顺航道下驶,恰遇从航道右侧叉河道驶出并朝下游方向行驶的一大型船队乙船,两船在叉河口相遇,存在碰撞危险时,甲乙两船避让关系为________。

A. 按“有他船在本船右舷者,应给他船让路”的原则,甲船应避让乙船

B. 不论涨潮或落潮均是逆流船应避让顺流船

C. 乙船应避让甲船

D. 两船通过 VHF 统一行动即可

231. 两机动船在感潮河段的叉河口相遇存在碰撞危险时,其避让责任是________。

①两船同一流向时,有他船在本船右舷者,应当给他船让路;②两船不同流向时,逆流船应当避让顺流船;③不论两船是同一流向,还是不同流向,单船让船队

A. ①③　　B. ①②

C. ③　　D. ②③

232. 一艘在主航道下行的机动船与一支从左侧副航道驶出的下行船队,在叉河口处相遇存在碰撞危险,其避让规定是________。

A. 机动船应当避让船队　　B. 船队应当避让机动船

C. 机动船不应妨碍船队行驶　　D. 船队不应妨碍机动船行驶

233. 在感潮河段界限以上,甲船是一艘上行且尚未进入施工工地的自航工程船,乙船是一支下行的船队,两船对驶相遇,存在碰撞危险,则________。

①甲船应避让乙船;②乙船应避让甲船;③甲、乙两船互让

A. ①　　B. ②

C. ③　　D. ①②③都不对

234. 顺航道下行的船队,恰遇一艘在航施工的工程船在航道中施工横越,两船相遇存在碰撞危险,此时谁应是让路船?

A. 下行的船队　　B. 在航施工的工程船

C. 两船协商互让　　D. 船队优先

235. 甲船是一艘已撤出施工工地的自航工程船,乙船是一支大型顶推船队,甲船追越乙船,存在碰撞危险,则________。

①甲船应避让乙船;②乙船应避让甲船;③甲、乙两船互让

A. ①　　B. ②

C. ③　　D. ①②③都不对

236. 一在航施工的工程船与其前方的吊拖船队构成追越局面,其避让关系为________。

A. 单船避让船队　　B. 追越船应避让被追越船

C. 吊拖船队避让在航施工的工程船　　D. 两船避让关系相等

237. 关于机动船与在航施工的工程船相遇存在碰撞危险时的避让责任，下列说法正确的是________。

A. 如两船对驶相遇，则按"上行船应当避让下行船"的原则避让

B. 如两船在同一流向交叉相遇，则按"有他船在本船右舷者，应当给他船让路"的原则避让

C. 如两船尾随行驶，则按"后船应当避让前船"的原则避让

D. 不论两船以何种形式会遇，都是机动船应当避让在航施工的工程船

238. 如图所示，甲船为一上行的限于吃水的海船，乙船为一下行的在航施工的工程船，两船对驶相遇，存在碰撞危险，两船应遵守________条款。

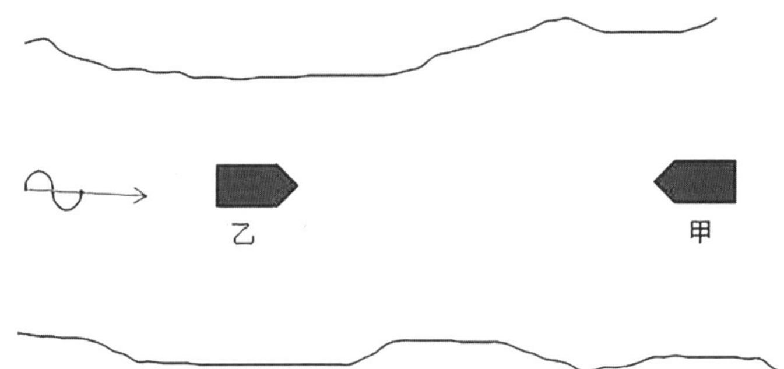

A. 机动船对驶相遇　　B. 机动船与在航施工的工程船相遇

C. 限于吃水的海船相遇　　D. 机动船掉头

239. 机动船与在航施工的工程船对驶相遇时，《中华人民共和国内河避碰规则》规定________。

A. 机动船应当在相距 1 km 以上处先鸣放声号一长声

B. 在航施工的工程船应当在相距 1 km 以上处鸣放声号一长声，请机动船注意

C. 谁先鸣放声号随便

D. 机动船应当在相距 2 km 以上处先鸣放声号一长声

240. 在航的机动船与在航施工的工程船相遇时，下列说法正确的是________。

A. 在航施工的工程船在航道中施工横越时，应避让顺航道行驶的机动船

B. 在航施工的工程船与在航机动船对驶相遇时，应遵循上行船避让下行船的避让原则

C. 在航施工的工程船与在航机动船相遇时，不论何种水域何种会遇局面都是机动船避让在航施工的工程船

D. 特殊情况下在航施工的工程船是让路船

241. 尚未进入施工工地或已撤出施工工地的自航工程船与他船相遇，仍适用《中华人民共和国内河避碰规则》第十七条（机动船与在航施工的工程船相遇）的规定。

A. 对　　B. 错

242. 机动船与在航施工的工程船在干、支流交汇水域相遇时，适用于机动船在干、支流交汇水域相遇条款规定。

A. 对　　B. 错

243. 如图所示，机动船在干、支流交汇水域相遇，图中甲船与乙船皆为在航施工的工程船，丙

船为驶出支流的机动船。下面有关避让关系的说法正确的是________。
①甲船避让丙船；②丙船避让甲船；③乙船避让丙船；④丙船避让乙船

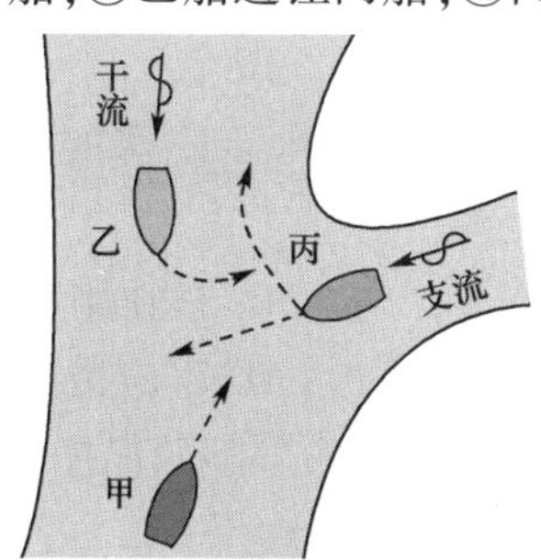

A. ①③　　B. ②④
C. ①④　　D. ②③

244. 机动船与在航施工的工程船相遇时，下列说法正确的是________。
A. 在航施工的工程船在航道中横越施工时，应避让顺航道行驶的机动船
B. 在航施工的工程船与在航机动船对驶相遇时，应遵循上行船避让下行船的避让原则
C. 在航施工的工程船与在航机动船相遇时，不论在何水域会遇，都是机动船避让在航施工的工程船
D. 在航施工的工程船与在航机动船对驶相遇时，应遵循逆流船避让顺流船的避让原则

245. 机动船与在航施工的工程船对驶相遇时，机动船应首先发出会船声号，然后由在航施工的工程船回答相应的会船声号，从而统一双方避让意图。
A. 对　　B. 错

246. 一准备进入支流的在航施工的工程船与一艘出支流的货船相遇，其避让关系为________。
A. 货船避让工程船
B. 工程船避让货船
C. 遵循"有他船在本船右舷者，应当给他船让路"的原则
D. 遵循"上行船避让下行船"的原则

247. 顺航道下行的某客渡船，恰遇一在航施工的工程船在航道中横驶施工，两船相遇存在碰撞危险时，两船应________。
A. 按横越船避让顺航道行驶船的原则，客渡船应为被让路船
B. 按机动船与在航施工的工程船相遇的避让要求，工程船应为被让路船
C. 按长江干线客渡船避让的要求，工程船应为被让路船
D. 按上行船让下行船的避让原则，客渡船应为被让路船

248. 在长江干线航行的一艘客渡船与一艘限于吃水的海船相遇，存在碰撞危险时，谁是让路船？
A. 客渡船　　B. 限于吃水的海船
C. 根据两船会遇态势决定谁是让路船　　D. 双方难以确定避让关系

249. 一艘限于吃水的海船掉头与一艘过往的客渡船（长江干线）相遇，存在碰撞危险时，谁为让路船？
A. 客渡船　　B. 限于吃水的海船
C. 双方互为让路船　　D. 两船不须避让

250. 在长江干线上，一艘顺航道下驶的客渡船与一艘横越的限于吃水的海船相遇，客渡船必须避让限于吃水的海船。

A. 对　　B. 错

251. 在长江干线航行的一艘客渡船与一艘限于吃水的海船相遇，存在碰撞危险时，限于吃水的海船是________。

A. 让路船　　B. 被让路船

C. 不应妨碍的船舶　　D. 不应被妨碍的船舶

252. 除________外，其他船舶与悬挂圆柱形号型的船舶相遇存在碰撞危险时，必须避让该船，并为其让出深水航道。

A. 在航施工的工程船　　B. 快速船

C. 在长江干线上航行的客渡船　　D. 下行的船队

253. 一限于吃水的海船正在追越一顺航道行驶的客渡船，它们的避让关系是________。

A. 限于吃水的海船应避让客渡船

B. 客渡船应避让限于吃水的海船

C. 限于吃水的海船与客渡船的避让关系对等

D. 根据现场情况确定

254. 一下行客船遇到一限于吃水的海船上行，构成对遇局面，以下说法正确的是________。

A. 客船应及早发出会船声号　　B. 上行船避让下行船

C. 它们各自右转向避让　　D. 限于吃水的海船应及早发出会船声号

255. 如图所示，甲为一客渡船，乙为一横越的船队，丙为一下行限于吃水的海船，它们之间相遇存在碰撞危险，相互的避让关系是________。

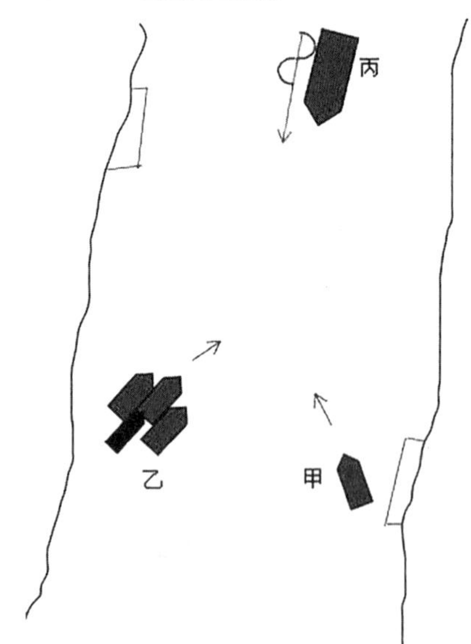

A. 甲让乙、丙，乙让丙　　B. 乙让甲、丙，甲让丙

C. 乙让甲、丙，丙让甲　　D. 甲让乙、丙，丙让乙

256. 如图所示，甲为一客渡船，乙为一限于吃水的海船，丙为一下行机动船，它们之间相遇存在碰撞危险，相互的避让关系是________。

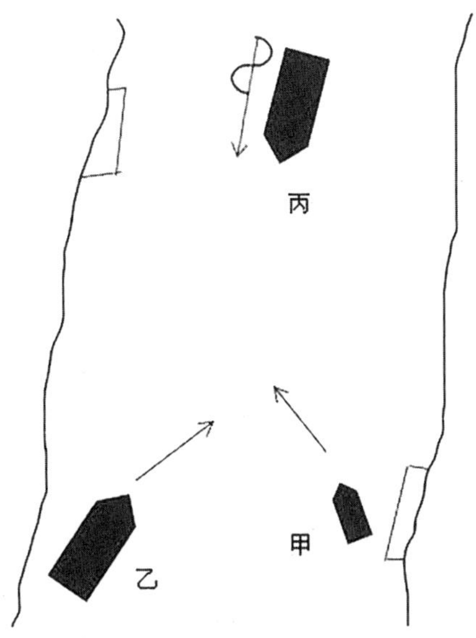

A. 甲让乙、丙,丙让乙　　B. 甲让乙、丙,乙让丙
C. 乙让甲、丙,甲让丙　　D. 乙让甲、丙,丙让甲

257. 如图所示,甲为一横越的限于吃水的海船,乙为一客渡船,丙为一下行的限于吃水的海船,它们之间相遇存在碰撞危险,相互的避让关系是________。

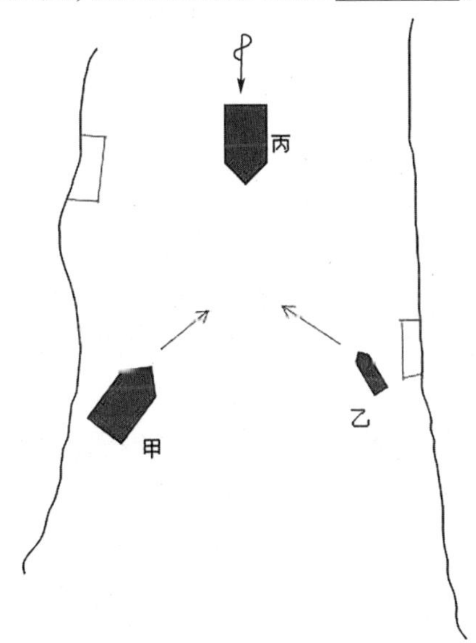

A. 甲让乙、丙,乙让丙　　B. 乙让甲、丙,甲让丙
C. 甲让乙、丙,丙让乙　　D. 乙让甲、丙,丙让甲

258. 在感潮河段界线以上水域,一艘悬挂一个圆柱形号型的机动船追越一艘小型船队时,谁是让路船?

A. 悬挂一个圆柱形号型的机动船　　B. 小型船队
C. 两船根据具体情况协商互让　　D. 双方难以确定避让关系

259. 甲船是一艘下行除显示一般机动船在航规定号灯外,还显示三盏红光环照灯的机动船,乙船是一艘上行除显示一般机动船在航规定号灯外,还显示红、白、红光环照灯各一盏的机动船，两船相遇存在碰撞危险，则________。

A. 甲船应避让乙船　　B. 乙船应避让甲船

C. 两船协商避让　　D. 两船无避让关系

260. 机动船与限于吃水的海船相遇，存在碰撞危险时，则________。

A. 机动船应当及早发出会船声号

B. 限于吃水的海船应当及早发出会船声号

C. 机动船应当及早鸣放声号一长声，并发出会船声号

D. 限于吃水的海船应当及早鸣放声号一长声

261. 一艘限于吃水的海船与一艘机动船对驶相遇，存在碰撞危险时的避让关系应是________。

A. 根据规则对驶相遇条款的规定确定避让关系

B. 根据规则第十八条（限于吃水的海船）的规定确定避让关系

C. 根据具体情况双方协商避让

D. 双方互为让路船

262. 夜航时，甲船为一艘限于吃水的海船顺航道下驶，恰遇一艘除显示一般机动船在航的信号外还垂直显示一组“红、白、红”环照灯的乙船在航道中横越，两船存在碰撞危险，此时，双方的避让关系是________。

A. 乙船为让路船　　B. 甲船为让路船

C. 两船互为让路船　　D. 两船协商确定其中一船为让路船

263. 两艘限于吃水的海船交叉相遇，存在碰撞危险时，应当________。

A. 两船互为让路船

B. 按《中华人民共和国内河避碰规则》第十二条（机动船横越和交叉相遇）的规定避让

C. 根据具体情况商定

D. 按《国际海上避碰规则》的规定避让

264. 机动船与限于吃水的海船在叉河口相遇时，应适用于机动船在叉河口相遇条款规定。

A. 对　　B. 错

265. 在航机动船与限于吃水的海船顺航道对驶相遇，存在碰撞危险时的避让行动应遵循________。

A. 上行船应避让下行船　　B. 逆流船应避让顺流船

C. 追越船应避让被追越船　　D. 机动船应避让海船

266. 在感潮河段界线以上水域，两限于吃水的海船顺航道对驶相遇，存在碰撞时的避让行动应遵循________。

A. 逆流船应避让顺流船　　B. 上行船应避让下行船

C. 各自鸣放声号一短声，互以左舷会船　　D. 吃水小的海船应避让吃水大的海船

267. 两艘限于吃水的海船构成同流向交叉相遇局面，存在碰撞危险，其避让关系为________。

A. 遵循“有他船在本船右舷者，应当给他船让路”的原则

B. 两者避让关系对等

C. 浅吃水船应避让深吃水船

D. 小吨位船应避让大吨位船

268. 根据《内规》的规定，在内河水域，应当给限于吃水的海船让路的船舶有________。
①机动船；②客渡船；③在航施工的工程船；④快速船；⑤大型船队
A. ①②③④　　B. ①③④⑤
C. ①②④⑤　　D. ①②③④⑤

269. 某机动船与一艘限于吃水的海船对驶相遇存在碰撞危险时，下列说法不正确是________。
A. 机动船是让路船
B. 限于吃水的海船应给机动船及早发出会船声号
C. 机动船应给限于吃水的海船让出深水航道
D. 如构成“对遇”，机动船应及早采取向左转向的行动

270. 一艘下行的限于吃水的海船与一艘上行的在航施工的工程船相遇，存在碰撞危险时，谁是让路船？
A. 在航施工的工程船　　B. 限于吃水的海船
C. 根据两船会遇态势决定谁是让路船　　D. 两船协商避让

271. 一艘下行的大型顶推船队与一艘上行的限于吃水的海船对驶相遇时，应遵循________。
A. 上行船应避让下行船　　B. 在感潮河段，逆流船应避让顺流船
C. 顶推船队应避让限于吃水的海船　　D. 单船应避让船队

272. 航行中，甲船为一艘除显示机动船在航时规定的信号外，还垂直显示“红、红、红”环照灯的船舶，并在航道中横越行驶，恰遇一支下行的大型船队乙船，甲、乙两船存在碰撞危险，双方的避让关系应为________。
A. 甲船让乙船　　B. 乙船是让路船
C. 两船互为让路船　　D. 两船商议确定其中一船为让路船

273. 一艘在航施工的工程船与一艘限于吃水的海船交叉相遇，存在碰撞危险时，其避让关系是________。
A. 有他船在本船右舷者，应当给他船让路
B. 限于吃水的海船应当给在航施工的工程船让路
C.《中华人民共和国内河避碰规则》未明确规定
D. 两船根据当时航道情况和周围环境协商避让

274. 在航道中顺航道下行的未进入工地的工程船，与一艘顺航道上驶的限于吃水的海船相遇，有碰撞危险时，此时谁是让路船？
A. 限于吃水的海船　　B. 工程船
C. 两船应为互让船　　D. 两船不须避让

275. 一艘限于吃水的海船从一支顺航道行驶的船队的船首方向横越时，在避让关系上应适用机动船横越和交叉相遇条款规定。
A. 对　　B. 错

276. 一艘已撤出施工工地的自航工程船追越一艘限于吃水的海船时，自航工程船是让路船。
A. 对　　B. 错

277. 在感潮河段，一艘顺流行驶的限于吃水的海船与一艘在航施工的工程船对驶相遇时，下列说法正确的是________。

A. 在航施工的工程船是让路船

B. 限于吃水的海船是让路船

C. 两船具有同等的避让责任

D. 两船会遇属于特殊情况,不具有让路船与被让路船的避让关系

278. 在感潮河段的干、支流交汇水域,一艘限于吃水的海船在干流上逆流行驶,恰遇从支流驶出顺流行驶的船队,存在碰撞危险时,下列说法正确的是________。

A. 逆流行驶的限于吃水的海船是让路船

B. 顺流行驶的船队是让路船

C. 两船具有同等的避让责任

D. 两船会遇属于特殊情况,避让责任不明确

279. 一艘下行的限于吃水的海船与一艘上行的在航施工的工程船相遇,存在碰撞危险时,谁是让路船?

A. 在航施工的工程船　　B. 限于吃水的海船

C. 根据两船会遇态势决定谁是让路船　　D. 两船协商避让

280. 某限于吃水的海船甲在感潮河段上行,恰遇涨潮,此时发现有一大型船队乙迎面驶来,两船相遇存在碰撞危险,按照《内规》的规定,此时应________。

A. 按上行船避让下行船的原则,甲船为让路船

B. 按逆流船避让顺流船的原则,船队为让路船

C. 按机动船避让限于吃水的海船的原则,船队为让路船

D. 按单船避让船队的原则,甲船为让路船

281. 限于吃水的船舶在航时,应给下列哪种船舶主动让路?

A. 在航的机动船　　B. 在航的渡船

C. 在航施工的工程船　　D. 在航的快速船

282. 如图所示,甲为一在航施工的工程船,乙为一客渡船,丙为一下行的快速船,它们之间相遇存在碰撞危险,相互的避让关系是________。

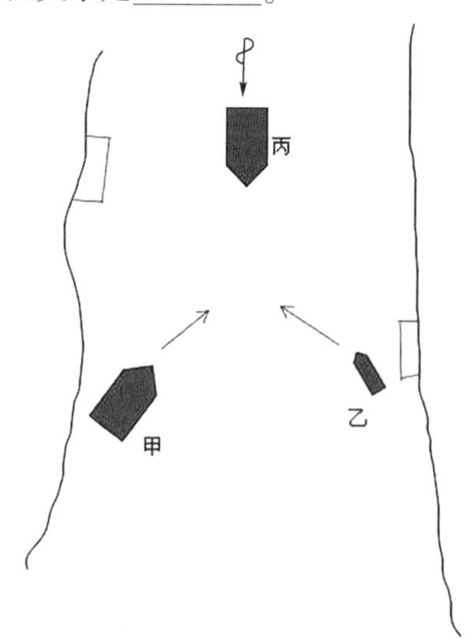

A. 甲让乙、丙,乙让丙　　B. 乙让甲、丙,甲让丙

C. 甲让乙、丙,丙让乙　　　　D. 丙让甲、乙,乙让甲

283. 如图所示,机动船在感潮河段的叉河口相遇,其中甲、乙船均为限于吃水的海船,A 船为一艘机动船,则下面有关其避让关系的说法正确的是________。

①A 船避让甲船;②A 船避让乙船;③甲船避让乙船;④甲船与乙船均需避让 A 船;⑤乙船避让甲船

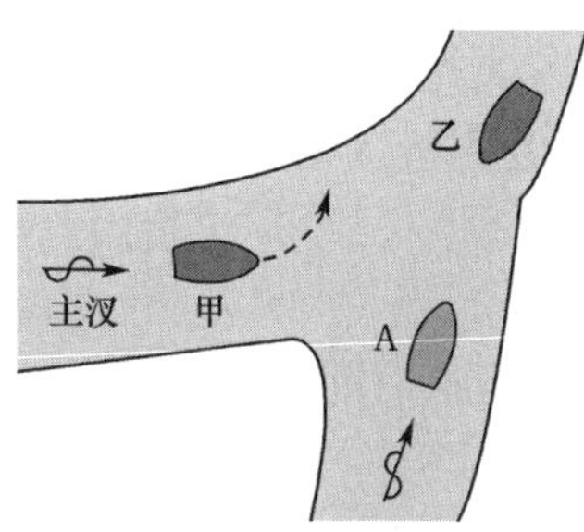

A. ①②③　　　　B. ④⑤

C. ①③　　　　D. ①②⑤

284. 如图所示,A、B、C 均为渡船,甲船为一限于吃水海船,则下列有关避让关系的说法正确的是________。

①A 让甲;②B 让甲;③C 让甲;④甲让 B;⑤甲让 C

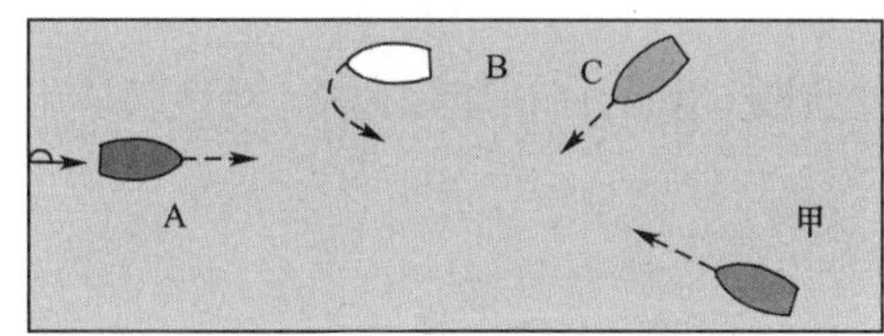

A. ①②③　　　　B. ①②⑤

C. ①③④　　　　D. ①④⑤

285. 快速船在航时,与其他船舶相遇,存在碰撞危险时,应遵守下列哪些避让规定?

A. 快速船应宽裕地让清所有船舶　　　　B. 上行船应当避让下行船

C. 追越船应当避让被追越船　　　　D. 横越船应当避让顺航道行驶船

286. 下行快速船与上行人力船相遇,其避让关系是________。

A. 快速船避让人力船　　　　B. 人力船避让快速船

C. 两船互为让路船　　　　D. 视当时具体情况确定避让关系

287. 一艘机动船与一艘快速船对驶相遇,存在碰撞危险时的避让关系是________。

A. 上行船应当避让下行船　　　　B. 逆流船应当避让顺流船

C. 快速船应当避让机动船　　　　D. 机动船应当避让快速船

288. 一艘在主航道下行并显示黄闪光灯的机动船,恰遇一艘从右侧副航道驶出后下行的船队,两船构成碰撞危险时,谁是让路船?

A. 船队

B. 显示黄闪光灯的机动船

C. 有他船在本船右舷者,应当给他船让路

D. 互为让路船

289. 《中华人民共和国内河避碰规则》第十九条规定,快速船在航时,应当宽裕地让清所有船舶,其依据是________。

A. 操纵性好的船避让操纵性差的船　B. 机动船应当让非机动船
C. 操纵不便的船不负让路责任　D. 操纵性好的船不负让路责任

290. 快速船在航时，与其他船舶相遇，存在碰撞危险时，应遵循的避让原则是________。
A. 快速船应当宽裕地让清所有船舶　B. 上行船应当避让下行船
C. 追越船应当避让被追越船　D. 横越船应当避让顺航道行驶船

291. 航行时，甲船为一连续显示黄闪光灯的下行船，乙船为一悬挂圆柱形号型的正在顺航道上行的机动船，甲、乙两船对驶相遇，存在碰撞危险时的避让行动应为________。
A. 甲船应宽裕地让清乙船　B. 上行的乙船应避让下行的甲船
C. 甲、乙两船互以左舷或右舷会让　D. 甲、乙两船互以左舷会让

292. 快速船在航时，应当宽裕地让清所有船舶。这意味着快速船在航与他船相遇，只有让路的责任和义务，而不享有他船协助避让的权利。
A. 对　B. 错

293. 从干流驶进支流的机动船与从支流驶出的快速船，在干、支流交汇水域相遇存在碰撞危险时，快速船是让路船。
A. 对　B. 错

294. 一艘快速船掉头与一支过往船队相遇时，存在碰撞危险，则快速船是让路船。
A. 对　B. 错

295. 渔船捕鱼时，与一艘快速船相遇，存在碰撞危险，则渔船是让路船。
A. 对　B. 错

296. 快速船在航时，应当宽裕地让清________。
A. 机动船　B. 非机动船
C. 所有船舶　D. 除客渡船以外的所有船舶

297. 某快速船在干流下行，与从支流驶出下驶的航标艇在干、支流交汇水域相遇，两船同流向航向交叉存在碰撞危险时，下列说法正确的是________。
A. 快速船是被让路船
B. 航标艇是被让路船
C. 因两船同流向航向交叉，则有他船在本船右舷者，应给他船让路
D. 两船会遇属于特殊情况，避让责任不明确

298. 在长江干线，一顺航道行驶的快速船与一渡船相遇时，存在碰撞危险时的避让行动应遵循________。
A. 快速船为让路船　B. 渡船为让路船
C. 两船互为让路船　D. 两船互相协商避让

299. 快速船在航与其他船相遇，下述说法不正确的是________。
A. 快速船只有让路的责任和义务，而不享受被协助避让或不应被妨碍的权利
B. 快速船应当宽裕地让清所有的船舶
C. 快速船顺航道或河道行驶时，其他船舶不可在其前方任意横越
D. 快速船应当宽裕地让清他船，其原因是避让操作性能优于他船

300. 快速船在航时，应当宽裕让清下列哪些船舶？
A. 除人力船以外的其他船舶　B. 除快速船以外的其他船舶

C. 除渡船以外的其他船舶　　D. 除渔船以外的其他船舶

301. 快速船在航时，应当给下列哪些船舶让路？
①掉头的船舶；②从事捕鱼的船舶；③靠泊或离泊的船舶；④顺航道行驶的船舶
A. ①②③④　　B. ①③
C. ②③　　D. ①②④

302. 航行中两艘快速船相遇，有碰撞危险时的避让行动应遵循________。
A. 速度较快的船舶避让速度较慢的船舶
B. 按照有关机动船相遇的规定进行避让
C. 视具体情况协商确定
D. 速度较慢的船舶避让速度较快的船舶

303. 两艘快速船在叉河口相遇时，不适用机动船在叉河口相遇条款规定。
A. 对　　B. 错

304. 在感潮河段界线以上水域，两艘快速船对驶相遇时，上行船应当避让下行船。
A. 对　　B. 错

305. 两艘快速船构成追越局面时，追越船必须按规定鸣放追越声号，经被追越船表示同意后，方可追越。
A. 对　　B. 错

306. 两艘横越快速船构成同流向交叉相遇时，有他船在本船右舷者，应当给他船让路。
A. 对　　B. 错

307. 除平流区域以外，一下行快速船甲，正准备由干流驶进右侧支流，恰逢快速船乙由支流驶出，并将上行，此时应遵循的避让原则是________。
A. 按"上行船避让下行船"的原则，快速船乙为让路船
B. 按"从干流驶进支流的船应避让从支流驶出的船"的原则，快速船甲为让路船
C. 按"逆流船避让顺流船"的原则，快速船乙为让路船
D. 按"有他船在本船右舷者，应当给他船让路"的原则，快速船甲为让路船

308. 在感潮河段界线以上，顺航道行驶的两快速船对遇或接近对遇时的避让行动是________。
A. 上行船避让下行船　　B. 逆流船避让顺流船
C. 速度快的避让速度慢的　　D. 双方协商避让

309. 在感潮河段的涨潮期间，一快速船甲在干流中往上游方向行驶，与另一艘从支流驶出后往下游方向行驶的快速船乙，在干、支流交汇水域相遇存在碰撞危险时，两船的避让关系是________。
A. 甲船应当避让乙船　　B. 乙船应当避让甲船
C. 甲乙两船协商互相避让　　D. 两船都应运用良好驾驶技术防止碰撞

310. 两快速船在湖泊、水库区域交叉相遇，应按________的原则进行避让。
A. 上行船避让下行船
B. 逆流船避让顺流船
C. 有他船在本船右舷者，应当给他船让路
D. 速度快的船避让速度慢的船

311. 甲船（快速船）顺航道行驶，乙船（小型顶推船队）上行横越航道，两船相遇有碰撞危险，两船之间的避让关系是________。

A. 两船应当各自向右转向，互会左舷　B. 两船应当各自向左转向，互会右舷

C. 甲船应当避让乙船　D. 乙船应当避让甲船

312. 甲船为一艘顺航道下行的快速船，乙船为一支正在航道中横越的船队，甲、乙两船相遇，致有碰撞危险，此时两船的避让关系应是________。

A. 横越船乙船应避让顺航道行驶的甲船

B. 快速船应避让船队

C. 甲、乙两船双方协议避让

D. 视具体情况确定避让关系

313. 快速船下行与横越船头的人力船相遇，存在碰撞危险时的避让行动是________。

A. 人力船应避让下行的快速船　B. 快速船应宽裕地让清人力船

C. 应视当时情况而定　D. 人力船主动避让快速船

314. 快速船下行与横越船头的帆船相遇，存在碰撞危险时的避让行动是________。

A. 帆船应避让下驶的快速船　B. 快速船应宽裕地让清帆船

C. 应视当时情况确定　D. 帆船无须采取避让行动

315. 快速船在航时，下列说法正确的是________。

①在任何时候都应当以安全航速行驶；②决定安全航速时，应主要考虑能见度、通航密度、操纵性能及风、浪、流、航道情况和周围环境，如配有雷达，还应考虑雷达的效率、特性、局限性；③经过要求减速的船舶和地段，以及船舶装卸区、停泊区、渡口、施工水域等，应当及早控制航速，并尽可能保持较开距离行驶，以避免浪损

A. ①②　B. ①③

C. ②③　D. ①②③

316. 根据《内规》的规定，快速船在航行时，应当避让________。

①一般机动船；②客渡船；③在航施工的工程船；④限于吃水的海船；⑤人力船、帆船

A. ①②③④　B. ①③④⑤

C. ①②④⑤　D. ①②③④⑤

317. 根据《内规》的规定，快速船在航行时，应当避让________的机动船。

①顺航道行驶；②横越；③掉头；④靠、离泊

A. ①③④　B. ①②④

C. ②③④　D. ①②③④

318. 航行的快速船与一艘正在掉头的机动船（或船队）相遇，有碰撞危险时，________为让路船。

A. 快速船　B. 正在掉头的机动船（或船队）

C. 双方互为让路船　D. 视具体情况确定避让关系

319. 机动船掉头履行不应妨碍他船行驶的避让责任，下列不正确做法是________。

A. 尽可能采取避免发生碰撞危险的方法掉头

B. 留出足够的水域供过往船舶安全通过

C. 掉头时，应准确把握与过往船舶的距离、航速，该等则等，该停则停，该稳则稳

D. 突然和强行掉头

320. 因为机动船掉头对过往船舶负有不应妨碍的避让责任，所以掉头的机动船是让路船。

A. 对　　B. 错

321. 机动船掉头具有无碍他船行驶的避让责任，其目的是强化机动船掉头的避让责任，避免机动船在掉头过程中对过往船舶形成阻碍而发生碰撞。

A. 对　　B. 错

322. 所有的机动船掉头前，均应显示掉头号灯和号型。

A. 对　　B. 错

323. 机动船掉头时，应按规定鸣放掉头声号。

A. 对　　B. 错

324. 机动船掉头前，“无碍他船行驶”是指机动船尽可能采取避免发生碰撞危险的方法航行，留出足够的水域供过往船舶安全通过。

A. 对　　B. 错

325. 一正在掉头的船队与一限于吃水的海船相遇，有碰撞危险时的避让关系是________。

A. 海船是让路船　　B. 船队是让路船

C. 互为让路船　　D. 无法确定

326. 机动船掉头与过往船舶相遇，过往船舶在享有机动船掉头不应妨碍的避让责任的同时，不具有采取避让行动的义务。

A. 对　　B. 错

327. 机动船掉头前应做到无碍他船航行，意味着________。

A. 不妨碍过往船舶的航行　　B. 掉头船应避让周围所有船

C. 过往船都是被让路船　　D. 机动船是让路船

328. 某机动船在掉头时，恰遇一在航施工的工程船驶来，两船相遇存在碰撞危险，按照《内规》的规定，此时________。

A. 按机动船应当避让在航施工的工程船的规定，掉头机动船应为让路船

B. 按过往船舶应当等候或绕开正在掉头的船舶行驶的要求，在航施工的工程船应为让路船

C. 正在掉头的机动船无法采取避让行动，所以在航施工的工程船应为让路船

D. 应由双方协商确定让路船

329. 如图所示，A 船是掉头的机动船，B 船是顺航道行驶的机动船，两船相遇应遵循的避让原则是________。

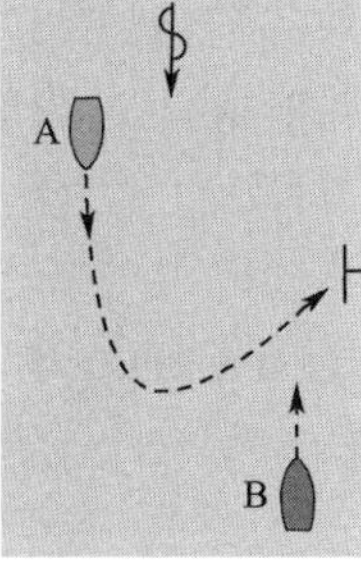

A. 掉头的 A 船为被让路船

B. 顺航道行驶的 B 船为让路船

C. 掉头的 A 船负有“不应妨碍”的避让责任

D. 顺航道行驶的机动船 B 船负有“不应妨碍”的避让责任

330. 机动船在掉头前，应当注意航道情况和周围环境，在________时，按规定鸣放声号后，方可掉头。

A. 与他船船首至少保持一倍船长距离　B. 与他船船尾至少保持一倍船长距离

C. 与他船保持一定距离　D. 无碍他船行驶

331. 机动船掉头，下列哪些行为不正确？

①未注意航道情况和过往船舶动态而掉头；②未按规定鸣放声号和显示号灯号型而掉头；③在过往船舶逼近时而掉头；④在无碍过往船舶行驶时而掉头

A. ①②④　B. ①②③

C. ②③④　D. ①③④

332. 当过往船舶与正在掉头的机动船（或船队）相遇，有碰撞危险时，过往船舶的协助避让行动可为________。

A. 加速行驶

B. 绕开行驶

C. 该船为被让路船，由正在掉头的船舶避让

D. 视具体情况而定

333. 一艘正在掉头机动船与过往机动船相遇，存在碰撞危险时，过往机动船应________。

A. 加车通过，因为掉头的机动船行动慢

B. 用有效手段联系，要求掉头船等我船通过后再掉头

C. 根据他船掉头水域和掉头方法，采取减速等候或绕开行驶

D. 正常行驶

334. 一艘正在掉头的机动船与一艘过往的快速船相遇，存在碰撞危险时，谁为让路船？

A. 快速船　B. 双方互为让路船

C. 掉头的机动船　D. 快速船优先通过

335. 一艘限于吃水的海船与一艘正在掉头的机动船相遇，存在碰撞危险时，谁为让路船？

A. 限于吃水的海船　B. 机动船

C. 双方互为让路船　D. 掉头船优先

336. 机动船掉头与过往船舶相遇时，因过往船舶具有采取减速等候或者绕开行驶的义务，所以过往船舶是让路船。

A. 对　B. 错

337. 机动船掉头与过往船舶相遇时，具有无碍过往船舶行驶的避让责任，同时过往船舶应采取减速等候或者绕开行驶的避让行动。

A. 对　B. 错

338. 机动船掉头与过往船舶相遇时，过往船舶在享有机动船掉头不应妨碍的避让责任的同时，不具有采取避让行动的义务。

A. 对　B. 错

339. 某顶推船队由逆流向顺流掉头，与一艘顺流、顺航道行驶的快速船相遇存在构成碰撞危险时，下列说法不正确的是________。

A. 顶推船队掉头不应妨碍快速船的行驶

B. 顶推船队是让路船

C. 快速船应当宽裕地让清顶推船队

D. 快速船应采取绕开行驶或者减速等候的行动

340. 一顺航道行驶的限于吃水的海船遇一正在掉头的机动船时，其避让关系为________。

A. 限于吃水的海船应避让机动船

B. 机动船应避让限于吃水的海船

C. 遵循“有他船在本船右舷者，应当给他船让路”的原则

D. 遵循上行船避让下行船的原则

341. 如图所示，A 船是机动船，B 船是掉头的限于吃水的船舶，两船相遇构成碰撞危险时，下列说法不正确的是________。

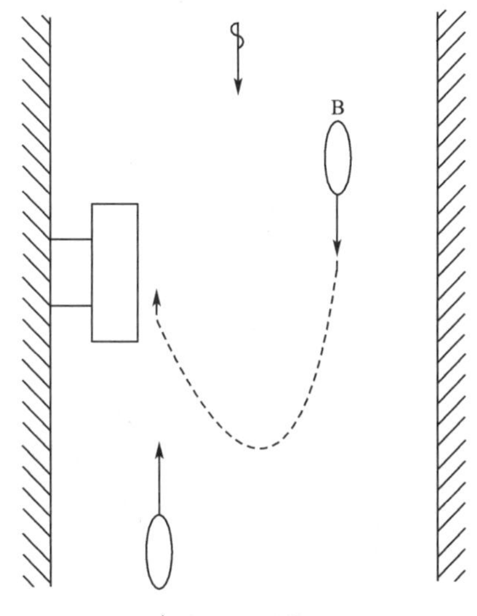

A. B 船不应妨碍 A 船安全行驶　　B. A 船应采取减速或绕开行驶的行动

C. B 船应注意 A 船的动态情况　　D. A 船是被让路船

342. 某机动船掉头，与一艘顺航道行驶的快速船相遇，致有构成碰撞危险时，下列说法正确的是________。

①快速船应当避让机动船；②机动船掉头应履行无碍快速船行驶的避让责任；③掉头的机动船避让快速船

A. ①　　B. ②

C. ①②　　D. ②③

第二节　机动船、人力船、帆船、排筏相遇

1. 顺航道下行的快速船与横越的人力船相遇，存在碰撞危险，则________。

①人力船应避让快速船；②快速船应宽裕地让清人力船；③应视当时情况而定

A. ①　　B. ②

C. ①③　　D. ②③

2. 机动船发现与人力船、帆船距离逼近，情况紧急时，应当采取________。

A. 减速行动　　B. 转向行动
C. 避让行动　　D. 加速通过

3.《内规》规定人力船、帆船不得占用机动船的航路，体现了人力船、帆船对按规定航路行驶的机动船具有不应妨碍的避让责任。
A. 对　　B. 错

4. 规则第二十一条有关机动船与排筏相遇的条款中的“排筏”是指________。
A. 被拖船顶推的排筏　　B. 被拖船吊拖的排筏
C. 被拖船旁拖的排筏　　D. 人工流放的排筏

5. 航行中，机动船发现人力船、帆船距离逼近，情况紧急时，机动船应当________。
A. 等待人力船、帆船为其让路　　B. 不采取任何行动
C. 采取有效的避让行动　　D. 采取向右转向的避让行动

6. 快速船与人力船、帆船相遇的避让原则是________。
A. 快速船应避让人力船、帆船
B. 人力船、帆船应避让快速船
C. 遵循“有他船在本船右舷者，应当给他船让路”的原则
D. 遵循“上行船避让下行船”的原则

7. 下列________船舶不应妨碍机动船顺航道行驶。
①帆船；②人力船；③渔船
A. ①③　　B. ①②③
C. ②③　　D. ①②

8. 在某航道，一艘顺航道行驶的机动船发现人力船有碍本船航行时，下列行动不正确的是________。
A. 先鸣放声号一长声，后鸣放表明本船动态的声号
B. 立即采取向右转向的行动
C. 根据人力船的动向，确定会让方向
D. 当与人力船距离逼近，情况紧急时，果断采取最助于避碰的行动

9. 机动船企图从帆船的右舷一侧水域超越上前，机动船应________。
A. 先鸣放一长声，后鸣放一短声　　B. 鸣放两长声一短声
C. 不必鸣放任何声号　　D. 鸣放一短声

10. 机动船发现人力船、帆船在下列哪些情况下，应当鸣放引起注意和表示本船动向的声号？
A. 有碍本船航行时　　B. 从航道一侧驶向航道另一侧时
C. 在航道中间行驶时　　D. 在航道一侧行驶时

11. 航行中，机动船发现人力船或帆船有碍本船航行时，应当鸣放下列哪些声号？
A. 两短一长声　　B. 三短声
C. 引起注意和表示本船动向的声号　　D. 三长声

12. 机动船发现人力船、帆船有碍本船航行时，应当鸣放________的声号。
A. 引起注意　　B. 表示本船动向
C. 引起注意和表示本船动向　　D. 四短声

13. 不论人力船、帆船是否妨碍机动船航行，机动船都应鸣放引起注意和表示本船动向的

声号。

A. 对　　B. 错

14. 机动船发现人力船或帆船在下列哪些情况下，应当鸣放引起注意和表示本船动向的声号？

A. 人力船或帆船有碍机动船航行时　　B. 人力船或帆船在弯曲航道行驶时

C. 人力船或帆船在航道中间行驶时　　D. 人力船或帆船在航道一侧行驶时

15. 不论人力船、帆船是否妨碍机动船航行，机动船遇到人力船、帆船时都应鸣放引起注意和表示本船动向的声号。

A. 对　　B. 错

第一节　机动船相遇

1. D　2. A　3. A　4. A　5. B　6. D　7. A　8. D　9. C　10. B
11. A　12. B　13. D　14. C　15. A　16. A　17. D　18. D　19. B　20. A
21. A　22. B　23. A　24. C　25. C　26. A　27. C　28. C　29. C　30. A
31. B　32. A　33. A　34. B　35. D　36. A　37. A　38. B　39. A　40. A
41. B　42. B　43. C　44. C　45. A　46. D　47. B　48. A　49. A　50. C
51. B　52. B　53. A　54. B　55. A　56. A　57. D　58. D　59. B　60. A
61. D　62. A　63. C　64. C　65. A　66. B　67. C　68. B　69. A　70. C
71. C　72. A　73. B　74. A　75. A　76. B　77. A　78. B　79. B　80. B
81. A　82. B　83. C　84. C　85. D　86. C　87. B　88. D　89. A　90. C
91. A　92. B　93. A　94. A　95. D　96. A　97. B　98. B　99. B　100. C
101. B　102. D　103. D　104. A　105. D　106. C　107. A　108. B　109. A　110. B
111. A　112. B　113. A　114. C　115. B　116. B　117. B　118. C　119. C　120. A
121. A　122. A　123. C　124. D　125. B　126. A　127. A　128. D　129. A　130. C
131. A　132. B　133. A　134. A　135. A　136. D　137. D　138. C　139. B　140. C
141. C　142. C　143. B　144. B　145. D　146. B　147. C　148. D　149. A　150. B
151. A　152. A　153. B　154. C　155. A　156. B　157. A　158. A　159. A　160. B
161. D　162. C　163. A　164. C　165. D　166. B　167. B　168. C　169. A　170. C
171. A　172. B　173. B　174. A　175. A　176. B　177. B　178. A　179. B　180. A
181. A　182. B　183. B　184. B　185. B　186. A　187. D　188. D　189. B　190. A
191. C　192. A　193. B　194. A　195. B　196. B　197. B　198. B　199. A　200. A
201. D　202. D　203. A　204. D　205. A　206. C　207. C　208. D　209. B　210. B
211. B　212. A　213. A　214. A　215. D　216. B　217. B　218. B　219. A　220. A
221. B　222. A　223. B　224. A　225. A　226. C　227. A　228. A　229. D　230. C
231. B　232. B　233. A　234. A　235. A　236. C　237. D　238. B　239. A　240. C

241. B 242. B 243. B 244. C 245. B 246. A 247. B 248. A 249. A 250. A
251. B 252. A 253. B 254. D 255. B 256. A 257. B 258. B 259. A 260. B
261. B 262. B 263. B 264. B 265. D 266. B 267. A 268. C 269. D 270. B
271. C 272. B 273. B 274. B 275. B 276. A 277. B 278. B 279. B 280. C
281. C 282. D 283. D 284. A 285. A 286. A 287. C 288. B 289. A 290. A
291. A 292. B 293. A 294. A 295. B 296. C 297. B 298. A 299. A 300. B
301. A 302. B 303. B 304. A 305. A 306. A 307. B 308. A 309. B 310. C
311. C 312. B 313. B 314. B 315. D 316. D 317. D 318. A 319. D 320. B
321. A 322. B 323. A 324. A 325. B 326. B 327. A 328. A 329. C 330. D
331. B 332. B 333. C 334. A 335. B 336. B 337. A 338. B 339. B 340. B
341. D 342. C

第二节 机动船、人力船、帆船、排筏相遇

1. B 2. C 3. A 4. D 5. C 6. A 7. B 8. B 9. A 10. A
11. C 12. C 13. B 14. A 15. B

第九章　能见度不良时的行动及其他

第一节　能见度不良时的行动

1. 在能见度不良的水域中航行的两船，当接近到相互看见时，应________。
   A. 中断鸣放能见度不良时使用的声号
   B. 如采取避让行动，应暂时停止雾号的鸣放，而按章鸣放避让行动的声号
   C. 在鸣放雾号的同时，正确地鸣放规定的行动声号
   D. 不应鸣放任何声号
2. 《中华人民共和国内河避碰规则》第二十三条（能见度不良时的行动通则）适用的船舶是________。
   A. 在能见度不良的水域中航行的船舶
   B. 在能见度不良的水域中互相看不见的船舶
   C. 在能见度不良的水域中或在其附近航行的船舶
   D. 在锚地锚泊的船舶
3. 在能见度不良时，《内规》对安全航速的要求适用于________。
   A. 机动船　　B. 快速船
   C. 限于吃水的海船　　D. 任何船舶
4. 船舶在能见度不良的情况下航行，应当以适合当时环境和情况的________行驶，加强瞭望，并按规定发出声响信号。
   A. 正常航速　　B. 适当航速
   C. 较低航速　　D. 安全航速
5. 《内规》第二十三条“船舶在能见度不良时的行动”适用的船舶是________。
   ①航行中的任何船舶；②锚泊的船舶；③搁浅的船舶
   A. ①　　B. ①②
   C. ②③　　D. ①②③
6. 在能见度不良时，要求“加强瞭望”的含义是________。
   A. 只需保持雷达瞭望和听觉瞭望
   B. 保持视觉、听觉和雷达瞭望即可
   C. 应用适合当时环境和情况的各种手段保持不间断的瞭望
   D. 应指派专人守听 VHF 电话
7. 船舶在能见度不良的水域中航行，对装有雷达的船舶，在决定安全航速时考虑的首要因素是________。

A. 雷达的特性、效率和局限性　　B. 航道条件

C. 能见度情况　　D. 通航密度

8. 在能见度不良时，安全航速是指高速或微速。

A. 对　　B. 错

9. 在能见度不良时，安全航速是指船舶以能维持其航向操纵的最低速度。

A. 对　　B. 错

10. 船舶在能见度不良时应加强瞭望，其目的是观察来船动态。

A. 对　　B. 错

11. 在能见度不良的水域中，若听到一长声的雾号，则来船是客渡船。

A. 对　　B. 错

12. 船舶一旦进入能见度不良的水域中就必须减速行驶。

A. 对　　B. 错

13. 船舶在能见度不良的情况下航行，应加强瞭望，使用安全航速，并按规定发出声响信号。此处的“声响信号”应当是________。

①人力船、帆船每隔一分钟敲号钟或者有效响器五秒钟；②人力船、帆船连续不间断地敲号钟或者有效响器；③包括行动的声号；④机动船每隔一分钟鸣放声号一长声

A. ①②③　　B. ②③④

C. ①③④　　D. ①②④

14. 船舶在能见度不良的情况下航行，应当加强瞭望，________，并按规定发出声响信号。

A. 使用安全航速行驶

B. 备车、备锚，以最低航速行驶

C. 减速行驶

D. 将航速降到维持航向操纵的最低速度

15. 船舶在能见度不良的情况下航行，应当以适合当时环境和情况的安全航速行驶，加强瞭望，并按规定发出________。

A. 雾号　　B. 操纵声号

C. 声响信号　　D. 会船声号

16. 船舶在能见度不良的情况下航行，无论什么情况，越慢越安全。

A. 正确　　B. 错误

17. 船舶在能见度不良的情况下航行，即使没有发现航行船也要按规定鸣放雾号。

A. 正确　　B. 错误

18. 无论如何，船舶在能见度不良的情况下航行，及早选择安全地点锚泊是极其谨慎的做法。

A. 正确　　B. 错误

19. 船舶在能见度不良时，除装有雷达的船舶以外，应当以适合当时环境和情况的安全航速行驶，必要时及早选择安全地点锚泊。

A. 正确　　B. 错误

20. 在能见度不良时，当听到他船的雾号时，下列哪种做法是可取的？

A. 用雷达判定是否存在碰撞危险　　B. 立即停车

C. 立即采取转向行动　　D. 立即抛锚

21. 在能见度不良时，下列说法中正确的是________。

A. 所有船舶都必须减速
B. 所有船舶应满足安全航速的要求
C. 所有船舶必须低速行驶
D. 所有船舶均以保持船舶操纵性能的最低航速行驶

22. 下列哪句话是正确的？
A. 雾中不能根据他船的雾号来断定他船的位置
B. 雾中没有听到雾号说明周围没有他船
C. 根据他船的雾号来避让
D. 听到雾号立即转向避让

23. 下列说法正确的是________。
A. 在能见度不良时，所有船舶都必须减速
B. 在能见度不良时，只要满足安全航速的要求，必要时也可全速行驶
C. 在能见度不良时，所有船舶都必须抛锚扎雾
D. 在能见度不良时，所有船舶都可全速行驶

24. 在能见度不良水域中，有关“加强瞭望”的理解，下列哪项是不正确的？
A. 在雾中注意守听他船的雾号
B. 雾中没有听到雾号说明周围附近没有他船的存在
C. 利用雷达瞭望
D. 利用 VHF 电话守听他船动态

25. 机动船在能见度不良的情况下航行，下述戒备行动不正确的是________。
A. 加强瞭望，必要时派人瞭头
B. 以适合当时情况的安全航速行驶
C. 在航时应以每隔约 2 分钟鸣放一长声
D. 备车航行

26. 在能见度不良的水域中航行时，未听到任何声响信号，下述判断正确的是________。
A. 附近没有机动船
B. 附近没有在航船舶
C. 附近没有其他船舶存在
D. 不能因未听到声响信号就轻易地判断附近没有他船存在

27. 下列说法正确的是________。
A. 在能见度不良时，及早选择安全地点锚泊是极其谨慎的做法
B. 船舶在能见度不良水域中加强瞭望就是进行雷达观察
C. 船舶一进入能见度不良的水域中就必须减速行驶
D. 船舶在能见度不良水域中相互看不见时才应该鸣放雾号

28. 下列说法正确的是________。
A. 在能见度不良时，所有船舶都必须减速行驶
B. 在能见度不良时，所有船舶都必须抛锚扎雾
C. 在能见度不良时，所有船舶都可全速行驶
D. 在能见度不良时，只要满足安全航速的要求，必要时也可全速行驶

29. 在能见度不良的水域中航行，船舶仅凭雷达测到他船时，首先应________。
A. 判定是否存在碰撞危险　　B. 判断是否有紧迫局面
C. 及早采取避让行动　　D. 判断是否有紧迫危险

30. 在能见度不良的水域中航行，船舶仅凭雷达测到他船时，首先应________。

A. 判定是否存在碰撞危险　　B. 判定是否正在形成紧迫局面

C. 及早采取避让行动　　D. 立即减速或向右转向

31. 在能见度不良时，船舶仅凭雷达测到他船，经判定双方存在碰撞危险时，应当及早地与对方联系并采取协调一致的避让行动。

A. 对　　B. 错

32. 在能见度不良时，只有装有雷达设备的船舶才应当判定是否存在碰撞危险。

A. 对　　B. 错

33. 在能见度不良时，当一船听到他船鸣放锚泊船的雾号，并且在雷达上已经确定本船可在安全的距离上驶过该船，可认为不存在碰撞危险。

A. 对　　B. 错

34. 在能见度不良时，对未装有雷达设备的船舶，应根据他船雾号的方位作为判断碰撞危险的依据。

A. 对　　B. 错

35. 通常情况下，一船在雷达荧光屏上通过连续系统的观察，若来船方位不变，且两船距离逐渐减小，则应当认为________。

A. 不存在碰撞危险　　B. 存在碰撞危险

C. 来船从船首驶过　　D. 来船从船尾驶过

36. 某船在雾航中，听到有来船发出的雾号，但对来船船位无法确定时，则该船应采取的行动是________。

A. 继续鸣放雾号，保速保向航行

B. 鸣放雾号的同时，立即向右转向，避免碰撞

C. 将航速减到能维持其航向操纵的最低速度

D. 立即停车，待判明情况后再继续航行

37. 能见度不良时航行，装有雷达设备的船舶测到他船时，应当________。

A. 及早地与对方联系　　B. 首先判定是否存在碰撞危险

C. 采取协调一致的避让行动　　D. 立即减速、停车，必要时倒车

38. 在雾中航行时，你船用雷达观测到来船，你船应________。

A. 鸣放雾号一短声，向右转向

B. 鸣放雾号两短声，向左转向

C. 鸣放雾号三短声，倒车

D. 判明是否存在碰撞危险并采取相应的行动

39. 当你船在雾中航行时，雷达发现前方航道有一来船，且判定存在碰撞危险，你船应________。

①及早与对方联系；②采取协调一致的避让行动；③减速、停车，必要时倒车

A. ①　　B. ②

C. ③　　D. ①②

40. 在能见度不良的水域中航行，一船听到来船的雾号，但对来船船位尚未确定时，应采取下列哪些行动？

A. 采取大角度转向措施
B. 应将航速减到能维持其航向操纵的最低速度
C. 继续鸣放雾号
D. 仅须用 VHF 电话呼叫协商

41. 在能见度不良水域航行，除已断定不存在碰撞危险外，当听到他船雾号不能避免紧迫局面时，你船应采取________。
A. 向左转向
B. 向右转向
C. 将航速减低到能维持其航向操纵的最低速度
D. 立即停车

42. 在能见度不良的水域中航行，一船发现与来船不能避免紧迫局面时，应立即采取大角度的转向行动。
A. 对　　B. 错

43. 在能见度不良的水域中航行，当听到他船雾号似乎来自正前方时，应立即采取右转行动。
A. 对　　B. 错

44. 在能见度不良的水域中航行，当一船听到他船雾号不能避免紧迫局面时，除已判定不存在碰撞危险外，该船应当________。
A. 将航速减到能维持航向操纵的最低速度
B. 立即停车
C. 向右转向
D. 向左转向

45. 你船在雾中航行，听到他船雾号，但在雷达上尚未确认该船船位时，你船应________。
A. 保持原来的航速继续行驶，并鸣放相应的雾号
B. 鸣放声号五短声警告他船
C. 应将航速减到能维持其航向操纵的最低速度
D. 应停车或倒车

46. 能见度不良时航行，除已判定不存在碰撞危险外，________当听到他船雾号不能避免紧迫局面时，应当将航速减到能维持其航向操纵的最低速度。
A. 上行船舶　　B. 任何船舶
C. 下行船舶　　D. 让路船

47. 当听到他船雾号不能避免紧迫局面时，应当将航速减到能维持其航向操纵的最低速度。对于该“最低速度”理解正确的是________。
①该速度应该理解为安全航速；②该速度不一定是安全航速；③该速度可以减少碰撞损失；④该速度可以增加避让的时间和距离
A. ①③④　　B. ②③④
C. ②③　　D. ①④

48. 某船听到左前方每隔一分钟鸣放一长声的声号，但用 VHF 电话联系不上该船，此刻驾驶员的最佳操作手段是________。
A. 保向保速　　B. 立即向右改向

C. 立即向左改向　　D. 立即减速

49.《中华人民共和国内河避碰规则》第二十三条(船舶在能见度不良时的行动)要求,无论如何,每一船舶都应极其谨慎地驾驶,直到________过去为止。

A. 紧迫危险　　B. 紧迫局面

C. 碰撞危险　　D. 碰撞局面

50. 在能见度不良时,每一船舶都应当“极其谨慎地驾驶”表现为________。

①不盲目转向;②如对航行安全无把握时,及早选择安全地点锚泊,切忌盲目航行;③驾驶技能好,常速行驶

A. ①　　B. ②

C. ③　　D. ①②

51. 能见度不良时航行,已判定不存在碰撞危险,应当________。

A. 常速行驶　　B. 慢速行驶

C. 以安全航速行驶　　D. 以最低航速行驶

52. 在能见度不良的情况下航行,无论如何,每一船舶都应当极其谨慎地驾驶,直到碰撞危险过去为止。那么,下列你认为对于“极其谨慎地驾驶”理解不准确的是________。

A. 声号不统一时,应当减速、停车,必要时倒车

B. 始终将航速减到能维持其航向操纵的最低速度

C. 始终以适合当时环境和情况的安全航速行驶

D. 必要时应当及早选择安全地点锚泊

53. 能见度是影响决定安全航速的首要因素,所以在能见度不良的情况下航行时,所有船舶都要减速行驶。

A. 对　　B. 错

54. 在能见度不良的情况下航行,无论如何,每一船舶都应当极其谨慎地驾驶,直到________为止,必要时应当及早选择安全地点锚泊。

①碰撞危险过去;②紧迫局面过去;③驶过让清;④紧迫危险过去

A. ①③　　B. ②③

C. ③④　　D. ①④

55. 在能见度不良时,每一船舶都应当“极其谨慎地驾驶”,其行动包括________。

①加强瞭望,以安全航速行驶,按规定鸣放雾号;②当听到他船雾号不能避免紧迫局面时,不盲目转向;③当对航行安全无把握时,及早选择安全地点锚泊,不盲目航行

A. ①②　　B. ①③

C. ②③　　D. ①②③

56. 案例分析:

如图所示,甲船为下行空载海船,冒雾航行。

事故当日 0700 时,下行航行至长江某航段,该航段实行定线制,航道中间 1/5 的宽度为分隔带。甲船航行至事故附近水域发现能见度下降到约 0.8 海里,继续保持全速航行,航速约 12.5 节。

0712 时能见度下降到不足 0.5 海里,此时甲船在雷达上发现右前方有回波,并判断为由南向北的横越船,使用 VHF 电话联系,未联系上,立即向右调整航向,鸣放汽笛一长声。

0714 时,该回波位于甲船船首,距离约 300 米,驾引人员采用了右舵 20°、右满舵,避让过该回波后采用了左满舵,停车、倒车。左满舵后,甲船船首仍继续向右偏转,0717 时与在右侧锚地锚泊的船舶发生碰撞。

在锚地锚泊的船舶当时驾驶台无人值班,悬挂圆球一个。

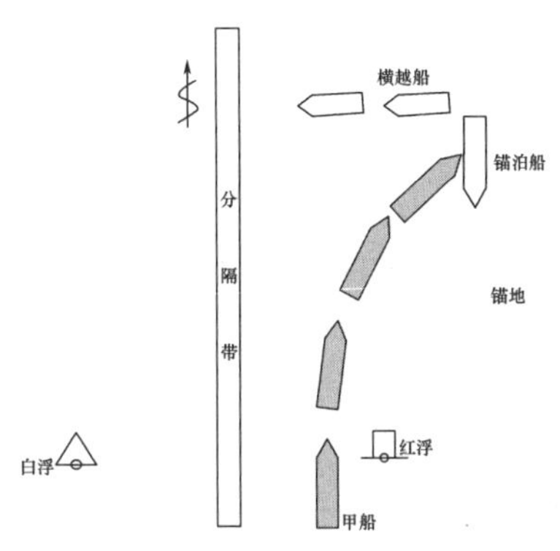

碰撞事故示意图

你认为该起事故最重要的一个原因是________。

A. 甲船未保持正规瞭望　　　　B. 甲船未使用安全航速

C. 甲船违章冒雾航行　　　　D. 锚泊船无人值班

57. 案例分析:

如图所示,甲船为下行空载海船,冒雾航行。

事故当日 0700 时,下行航行至长江某航段,该航段实行定线制,航道中间 1/5 的宽度为分隔带。甲船航行至事故附近水域发现能见度下降到约 0.8 海里,继续保持全速航行,航速约 12.5 节。

0712 时能见度下降到不足 0.5 海里,此时甲船在雷达上发现右前方有回波,并判断为由南向北的横越船,使用 VHF 电话联系,未联系上,立即向右调整航向,鸣放汽笛一长声。

0714 时,该回波位于甲船船首,距离约 300 米,驾引人员采用了右舵 20°、右满舵,避让过该回波后采用了左满舵,停车、倒车。左满舵后,甲船船首仍继续向右偏转,0717 时与在右侧锚地锚泊的船舶发生碰撞。

在锚地锚泊的船舶当时驾驶台无人值班,悬挂圆球一个。

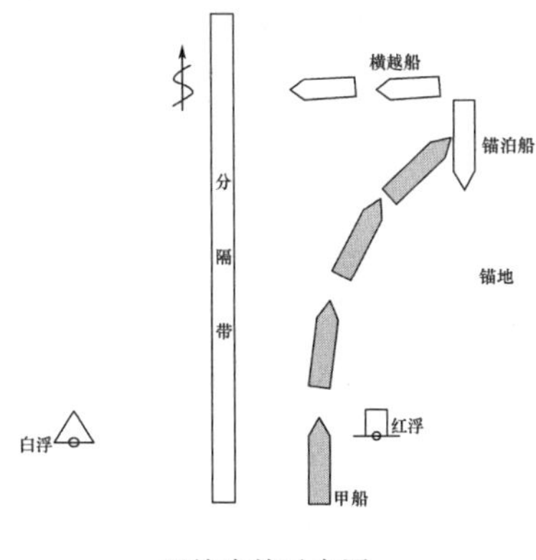

碰撞事故示意图

你认为该起事故中，甲船存在哪些疏忽？

①应急操作不当，没有控制住船位；②未保持正规瞭望，未能及时注意周围环境和锚泊船舶动态，对局面和碰撞危险未能做出充分的估计；③违反能见度不良时的行动规定；④违反了航行原则，航路选择错误

A. ①②④　　B. ①②③

C. ①③④　　D. ②③④

58. 案例分析：

如图所示，甲船为下行空载海船，冒雾航行。

事故当日0700时，下行航行至长江某航段，该航段实行定线制，航道中间1/5的宽度为分隔带。甲船航行至事故附近水域发现能见度下降到约0.8海里，继续保持全速航行，航速约12.5节。

0712时能见度下降到不足0.5海里，此时甲船在雷达上发现右前方有回波，并判断为由南向北的横越船，使用VHF电话联系，未联系上，立即向右调整航向，鸣放汽笛一长声。

0714时，该回波位于甲船船首，距离约300米，驾引人员采用了右舵20°、右满舵，避让过该回波后采用了左满舵，停车、倒车。左满舵后，甲船船首仍继续向右偏转，0717时与在右侧锚地锚泊的船舶发生碰撞。

在锚地锚泊的船舶当时驾驶台无人值班，悬挂圆球一个。

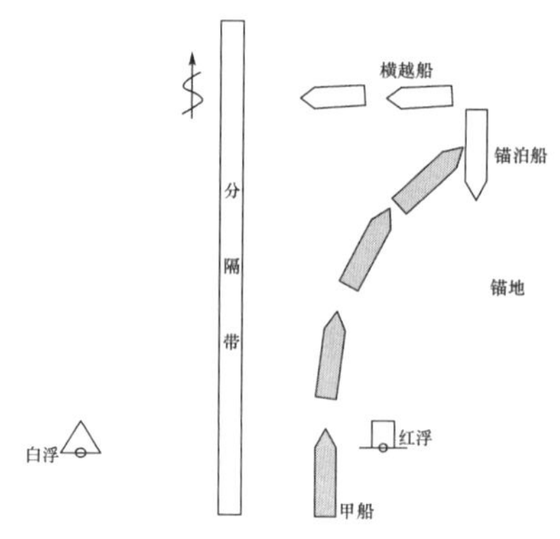

碰撞事故示意图

你认为该起事故中，锚泊船存在哪些疏忽？

①未显示信号；②未保持正规瞭望；③未按规定鸣放雾号；④无人值班

A. ①②④　　B. ①②③

C. ①③④　　D. ②③④

59. 案例分析：

如图所示，甲船为下行空载海船，冒雾航行。

事故当日0700时，下行航行至长江某航段，该航段实行定线制，航道中间1/5的宽度为分隔带。甲船航行至事故附近水域发现能见度下降到约0.8海里，继续保持全速航行，航速约12.5节。

0712时能见度下降到不足0.5海里，此时甲船在雷达上发现右前方有回波，并判断为由南向北的横越船，使用VHF电话联系，未联系上，立即向右调整航向，鸣放汽笛一长声。

0714 时，该回波位于甲船船首，距离约 300 米，驾引人员采用了右舵 20°、右满舵，避让过该回波后采用了左满舵，停车、倒车。左满舵后，甲船船首仍继续向右偏转，0717 时与在右侧锚地锚泊的船舶发生碰撞。

在锚地锚泊的船舶当时驾驶台无人值班，悬挂圆球一个。

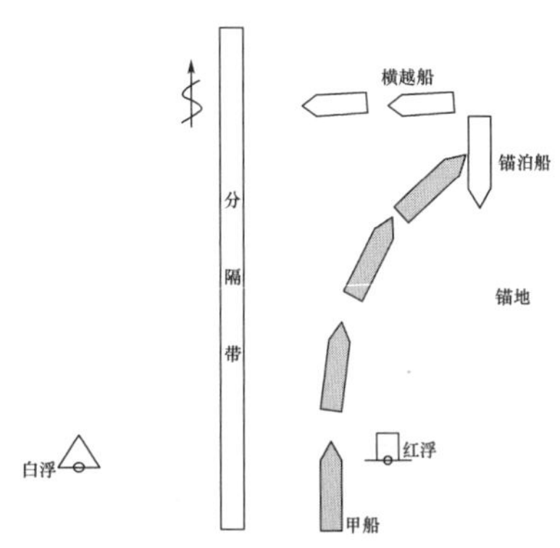

碰撞事故示意图

你认为该起事故中，关于承担责任及理由的叙述，正确的是________。

A. 甲船负主要责任，在能见度不良的情况下，未采用安全航速、疏忽瞭望、操作不当，碰撞锚泊船

B. 甲船负主要责任，甲船冒雾航行是事故的主要原因

C. 甲船负主要责任，甲船选择航路错误

D. 锚泊船负主要责任，无人值班，导致未能保持正规瞭望，未按规定鸣放雾号，是事故的主要原因

60. 船舶在能见度不良的情况下航行，应当________。

①加强瞭望；②将航速降到维持航向操纵的最低速度；③按规定发出声响信号；④周期性地通报船位和动态

A. ①②③　　B. ②③④

C. ①③④　　D. ①②④

61. 甲船在能见度不良的情况下航行，下列做法正确的是________。

①派人担任瞭头；②适当慢车航行；③根据声号的方位采取避让行动；④周期性通报船位和动态

A. ①③④　　B. ②③

C. ①②③④　　D. ①②④

第二节　靠、离泊

1. 机动船靠、离泊与附近船舶相遇，应履行下列哪种避让责任？

A. 不应妨碍附近船舶行驶的责任　　B. 让路船的责任

C. 被让路船的责任　　D. 两者具有同等避让责任

2. 机动船靠、离泊前，履行无碍他船行驶的避让责任，是指机动船尽可能采取避免发生碰撞危

险的方法航行，留出足够的水域供过往船舶安全通过。

A. 对　　B. 错

3. 因为靠泊或者离泊的机动船对过往船舶负有不应妨碍的避让责任，所以靠泊或者离泊的机动船是让路船。

A. 对　　B. 错

4. 对于机动船在靠、离泊时，以下说法正确的是________。

A. 靠、离泊的船都是让路船

B. 靠、离泊的船都是被让路船

C. 靠、离泊的船不得妨碍他船行驶

D. 过往船舶不得妨碍正在靠、离泊的船舶

5. 机动船靠、离泊位前，应做到无碍他船行驶。那么如何做到？

①注意航道情况和周围环境；②不妨碍他船，选择好靠、离泊时机；③通过 VHF 电话通报动态，显示相关信号；④明确要求过往船舶远离行驶；⑤按规定鸣放声号

A. ①②③⑤　　B. ①②③④

C. ①③④⑤　　D. ②③④⑤

6. 机动船靠、离泊位前，应当注意航道情况和周围环境，在无碍他船行驶时，按规定鸣放声号后，方可以行动。正在上述水域附近行驶的船舶，听到声号后，应当绕开行驶或者减速等候，不得抢档。你如何理解绕开行驶？

A. 绕开行驶就是越远越好

B. 不违背航行原则下，尽可能远离靠、离泊的船航行

C. 绕开行驶就是绕到对岸

D. 在航道条件满足的情况下，尽可能离开行驶

7. 某船准备靠泊，下列做法正确的是________。

A. 注意航道情况，进行靠泊操作，并鸣笛一长声

B. 观察航道和周围环境，确认无碍泊位安全，并鸣笛两长声，进行靠泊操作

C. 注意周围环境，进行靠泊操作，并鸣笛三长声

D. 注意航道情况、周围环境，无碍他船行驶，并鸣笛两长声，进行靠泊操作

8. 甲船沿航道左侧上行，准备靠航道左岸的码头，减速，并观察航道及周围环境，鸣笛两长声，进行靠泊作业，在靠泊过程中甩尾收缆，与沿左岸的码头边上行的乙船首部碰擦。你认为乙船不正确的做法是________。

A. 减速等候或者绕开行驶　　B. 及早联系，统一会让意图

C. 快速通过或者加车　　D. 采取协调一致的行动

9. 机动船靠、离泊位前，应当注意航道情况和周围环境，在无碍他船行驶时，按规定鸣放声号后，方可以行动。正在上述水域附近行驶的船舶，听到声号后，应当绕开行驶或者减速等候，不得抢档。因为附近行驶船没有听到准备靠泊船的声号，所以就不需要绕开行驶或者减速等候。

A. 对　　B. 错

10. 下列表达正确的是________。

A. 机动船在靠、离泊过程中也有可能是被让路船

B. 靠泊或者离泊的限于吃水的海船应当避让过往行驶的船舶
C. 因为靠泊或者离泊的机动船对过往船舶负有不应妨碍的避让责任，所以靠泊或者离泊的机动船是让路船
D. 正在靠泊或者离泊的机动船与过往行驶的机动船相遇，存在碰撞危险时，靠、离泊的机动船应采取绕开行驶或者减速等候的避让行动

11. 按《中华人民共和国内河避碰规则》第二十四条规定，靠泊或离泊的机动船应________。
A. 不妨碍他船行驶　　B. 负有让路船的责任
C. 要求他船等让　　D. 负有被让路船的责任

12. 根据《中华人民共和国内河避碰规则》第二十四条规定，机动船靠泊或离泊负有不应妨碍他船的责任和义务体现在________。
①靠、离泊前密切注意航道情况和来船动态；②及早采取行动以留出足够的水域供他船安全通过，避免因本船靠、离泊操作而与他船构成碰撞危险；③靠、离泊前，按规定鸣放声号；④要求他船不得妨碍本船靠、离泊
A. ①②④　　B. ①③④
C. ①②③④　　D. ①②③

13. 机动船在靠、离泊位过程中，下列说法正确的是________。
①操纵所占据的水域较宽，对附近船舶妨碍较大；②操作过程复杂，船舶速度小，操纵不灵活；③受风、流的影响明显，船位难以控制
A. ①②　　B. ①③
C. ②③　　D. ①②③

14. 机动船在靠、离泊位过程中与附近船舶相遇，应履行下列哪种责任？
①不应妨碍附近船舶行驶；②让路船的责任；③被让路船的责任；④两者具有同等避让责任
A. ①　　B. ①②
C. ③　　D. ④

15. 一船队靠泊或离泊与附近一艘快速船相遇，致有构成碰撞危险，则________。
A. 快速船应让船队　　B. 船队应让快速船
C. 双方协商避让　　D. 船队鸣放声号三长声

16. 当机动船靠、离泊位时，在其附近行驶的船舶当听到机动船靠、离泊位声号后，应当________。
A. 加速抢档驶过　　B. 绕开行驶或者减速等候，不得抢档
C. 停船抛锚　　D. 要求靠、离泊船等让

17. 一艘在航的快速船与一艘正在靠、离泊的船队相遇，存在碰撞危险时，谁为让路船？
A. 快速船　　B. 正在靠、离泊的船队
C. 双方互为让路船　　D. 两船协商决定

18. 一艘顺航道行驶的限于吃水的海船与一支将要靠泊的船队相遇，存在碰撞危险时，谁为让路船？
A. 限于吃水的海船　　B. 将要靠泊的船队
C. 双方互为让路船　　D. 两船协商决定

19. 机动船靠、离泊与过往船舶相遇，存在碰撞危险时，过往船舶应采取绕开行驶或者减速等候、不得抢档的避让行动。

    A. 对　　　　B. 错

20. 机动船靠、离泊与附近船舶相遇时，因为机动船靠、离泊对附近船舶负有不应妨碍的避让责任，所以附近船舶是被让路船。

    A. 对　　　　B. 错

21. 机动船靠、离泊位与附近水域的过往船舶进行避让时________。

    A. 靠、离泊的机动船是让路船
    B. 过往船舶不应妨碍机动船靠泊或离泊
    C. 过往船舶听到机动船靠、离泊声号后，应加速过档
    D. 过往船舶听到机动船靠、离泊声号后，应绕开行驶或减速等候，不得抢档

22. 一艘在航的快速船与一支正在靠、离泊的船队相遇，存在碰撞危险时，谁为不妨碍的船？

    A. 快速船　　　　B. 正在靠、离泊的船队
    C. 双方互为让路船　　　　D. 两船协商决定

第三节　停泊

1. 下列说法正确的是________。

   A. 船舶、排筏在锚地锚泊可以超出锚地范围
   B. 船舶、排筏系靠不得超出规定的尺度
   C. 船舶、排筏停泊可以遮蔽助航标志、信号
   D. 过往船舶可在锚地穿行

2. 船舶、排筏锚泊时应遵守下列哪些规定？

   ①不得超出锚地范围；②按规定显示号灯、号型；③注意周围环境和来船动态

   A. ①②　　　　B. ①③
   C. ②③　　　　D. ①②③

3. 船舶、排筏可在下列哪些地段锚泊、系靠？

   A. 狭窄地段　　　　B. 弯曲地段
   C. 其他有碍船舶航行的水域　　　　D. 锚地

4. 船舶、排筏在任何水域均可锚泊、系靠。

   A. 对　　　　B. 错

5. 船舶停泊的规定不适用于能见度不良的情况。

   A. 对　　　　B. 错

6. 在能见度不良的情况下，船舶可在某些弯曲、狭窄航段锚泊。

   A. 对　　　　B. 错

7. 即便在没有具体规定停泊范围的水域，船舶、排筏停泊时也要尽量靠边，尽可能减小对他船通行的不利影响。

   A. 对　　　　B. 错

8. 下列说法正确的是________。

A. 船舶不可以在法定的停泊区以外的水域停泊

B. 过往船舶不得在锚地穿行

C. 临时停泊不影响他船可以短时间遮蔽助航标志、信号

D. 船舶不得在有碍他船航行的水域锚泊

9. 关于船舶停泊的说法，下述不正确的是________。

A. 在锚地锚泊不得超出锚地范围

B. 在泊位或岸边停泊系靠不得超出规定的尺度

C. 停泊不得遮蔽助航标志、信号

D. 不论何种情况，非锚地水域不得停泊

10. 从内河航行的实际出发，为维护水上交通秩序，减少碰撞事故的发生，《内规》规定，船舶、排筏________。

①锚泊时不得超出锚地范围；②系靠不得超出规定的尺度；③停泊时不得遮蔽助航标志；④停泊时不得遮蔽信号

A. ①②③　　B. ①②④

C. ②③④　　D. ①②③④

11. 除因工作需要外，过往船舶不得在锚地穿行。"因工作需要的船舶"通常是指________。

①专门从事港口作业的船舶；②在锚地进行编解队作业的机动船；③经海事管理部门批准的船舶

A. ①②　　B. ①③

C. ②③　　D. ①②③

12. 除________外，过往船舶不得在锚地穿行。

A. 因工作需要　　B. 港作船

C. 交通船　　D. 公务船

13. 船舶、排筏禁止在狭窄、弯曲航道或者其他有碍他船航行的水域锚泊、系靠。那么，一艘船在渡运水域锚泊，你认为该锚泊行为至少属于________。

A. 在狭窄航道锚泊　　B. 在弯曲航道锚泊

C. 在有碍他船航行的水域锚泊　　D. 在桥区水域锚泊

14. 因为工作需要可以进入锚地航行的船舶有________。

A. 正常上下行的船舶　　B. 正常航行的客渡船

C. 正常航行的科考船　　D. 接送人员的交通船

第四节　渔船捕鱼

1. 渔船捕鱼时，不得阻碍其他船舶航行，所以，可以将渔船理解成________。

A. 让路船　　B. 被让路船

C. 不应妨碍的船　　D. 不应被妨碍的船

2. 渔船捕鱼时，不得阻碍其他船舶航行，在航道上不得设置固定渔具。因此，渔船在航道上捕鱼都是不合法的行为。

A. 对　　B. 错

3. 关于渔船捕鱼,下列说法错误的是________。
   A. 渔船捕鱼不得阻碍其他船舶航行
   B. 渔船捕鱼不得在航道上设置固定渔具
   C. 渔船在航道上设置固定渔具必须显示信号,便于机动船识别和避让
   D. 机动船一旦误入渔网或穿过渔网时,应立即停车淌航,以免渔网缠绕螺旋桨
4. 渔船捕鱼时,不得阻碍其他船舶航行,在航道上________设置固定渔具。
   A. 可以　　B. 不得
   C. 视情况确定　　D. 经批准可以

第五节　失去控制的船舶

1. 在下列情况下,________的船舶不属失去控制的船舶。
   A. 主机故障　　B. 桨叶丢失
   C. 舵叶脱落　　D. 雷达故障
2. 下列情况中,哪种船舶不属于失去控制的船舶?
   A. 搁在礁石上的船舶　　B. 舵机出现故障的船舶
   C. 遇大风浪,无法变速变向的船舶　　D. 主机出现故障的船舶
3. 操舵系统发生故障,而正在使用“应急舵”的船舶是失去控制的船舶。
   A. 对　　B. 错
4. 罗经、雷达等导航设备出现故障无法正常使用的船舶不是失去控制的船舶。
   A. 对　　B. 错
5. 失去控制的船舶是指由于某种异常情况,________的船舶。
   A. 不能按内规条款要求进行操纵,因而不能给他船让路
   B. 驶离其航向的能力严重受到限制
   C. 按照内规条款的要求进行操纵的能力受到限制,因而不能给他船让路
   D. 改变航速的能力严重受到限制
6. 失去控制的船舶是指由于某种异常情况,不能按《内河避碰规则》各条的要求进行操纵,因而不能给他船让路的船舶。“异常情况”应该不包括________。
   A. 车故障　　B. 走锚
   C. 舵故障　　D. 锚泊
7. 失去控制的船舶是指由于某种异常情况,不能按《内河避碰规则》各条的要求进行操纵,因而不能给他船让路的船舶。异常情况应该包括________。
   ①主机故障;②舵失灵;③触礁;④螺旋桨丢失;⑤走锚
   A. ①②③④　　B. ①②④⑤
   C. ①③④⑤　　D. ①②③⑤
8. 下列哪一种船舶属于失去控制的船舶?
   A. 正在走锚的船舶
   B. 操舵系统发生故障,而正在使用应急舵的船舶
   C. 正在抛锚掉头操纵,无法进行正常转向的船舶

D. 罗经、雷达等助航设备均无法处于正常使用的船舶

9. 根据规则第二十七条规定,失去控制的船舶应遵循的原则是________。
   A. 应当及早选择安全地点锚泊
   B. 可由自己掌握继续航行
   C. 通过 VHF 电话告知周围船舶后自行流放
   D. 悬挂相应信号,继续航行

10. 失去控制的机动船、非自航船,应当及早选择安全地点锚泊。
   A. 对　　B. 错

11. 关于失控的船舶,下列说法错误的是________。
   A. 应当及早选择安全地点锚泊
   B. 严禁非自航船自行流放
   C. 由于人为的疏忽导致主机出现故障的船舶,不得视为失去控制的船舶
   D. 失去控制的船舶应该属于在航状态

12. 对于失去控制的机动船、非自航船,下列行动正确的是________。
   ①尽一切可能控制船舶;②及早选择安全地点锚泊;③用 VHF 电话通报本船动态;④向 VTS 等部门报告
   A. ①②③④　　B. ①②③
   C. ①②④　　D. ②③④

13. 下列属于失去控制的船舶的是________。
   A. 不能偏离航道的从事拖带的船队　　B. 船舶触礁搁置在礁石上
   C. 舵系统发生故障,使其无法改变航向　　D. 主机发生故障在锚泊修复

14. 对于失去控制的机动船或非自航船,下列做法不正确的是________。
   A. 按照《内规》第三十九条显示规定的号型或号灯
   B. 及早选择安全地点锚泊
   C. 严禁非自航船自行流放
   D. 被机动船拖带后仍应显示失控船的号型或号灯

15. 某双车船在航行中,突然舵机发生故障。此时该机动船应采取________的措施。
   ①及早选择安全地点锚泊;②调整双车的不同车速,控制船舶继续航行;③一边随流漂泊,一边立即维修舵机
   A. ①　　B. ②
   C. ③　　D. ①②③

参考答案

第一节　能见度不良时的行动

1. C　2. C　3. D　4. D　5. A　6. C　7. C　8. B　9. B　10. B

11. B　12. B　13. C　14. A　15. C　16. B　17. A　18. A　19. B　20. A
21. B　22. A　23. B　24. B　25. C　26. D　27. A　28. D　29. A　30. A
31. A　32. B　33. A　34. B　35. B　36. C　37. B　38. D　39. D　40. B
41. C　42. B　43. B　44. A　45. C　46. B　47. B　48. D　49. C　50. D
51. C　52. B　53. B　54. A　55. D　56. C　57. B　58. D　59. A　60. C
61. D

第二节　靠、离泊

1. A　2. A　3. B　4. C　5. A　6. B　7. D　8. C　9. B　10. A
11. A　12. D　13. D　14. A　15. A　16. B　17. A　18. B　19. A　20. B
21. D　22. B

第三节　停泊

1. B　2. D　3. D　4. B　5. B　6. B　7. A　8. D　9. D　10. D
11. D　12. A　13. C　14. D

第四节　渔船捕鱼

1. C　2. B　3. C　4. B

第五节　失去控制的船舶

1. D　2. A　3. B　4. A　5. A　6. D　7. B　8. A　9. A　10. A
11. C　12. A　13. C　14. D　15. A

第十章　船舶信号的识别与运用

第一节　号灯和号型

1. 舷灯的装置要使灯光从船舶的正前方到各自一舷的________内分别显示。

A. 正横前 11.5°　　B. 正横前 22.5°

C. 正横后 11.5°　　D. 正横后 22.5°

2. 舷灯是安置在船舶最高甲板左、右两侧或左、右舷的________。

A. 红光灯、黄光灯　　B. 绿光灯、黄光灯

C. 红光灯、绿光灯　　D. 绿光灯、红光灯

3. 船舶长度为________以上的驳船，应当在船首、尾部分别设置红、绿舷灯。

A. 40 米　　B. 60 米

C. 80 米　　D. 100 米

4. 尾灯的高度应当尽可能与舷灯保持水平，但不得高出舷灯。

A. 对　　B. 错

5. “黄闪光灯”是指安置在________桅杆上的黄闪光环照灯。

A. 航标艇　　B. 监督艇

C. 快速船　　D. 渔船

6. 环照灯的水平光弧显示范围为________。

A. 360°　　B. 225°

C. 135°　　D. 180°

7. 号灯和号型可用来表示________。

①船舶的大小；②船舶的种类；③船舶的状态

A. ①②　　B. ①

C. ①②③　　D. ②③

8. 船舶号灯在各自的水平弧内显示灯光，图中哪一号灯显示的度数不正确？

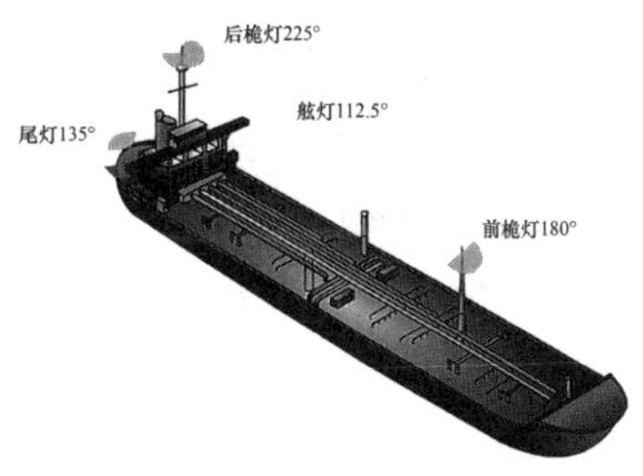

A. 前桅灯　　B. 后桅灯
C. 舷灯　　D. 尾灯

9. 有关船舶号灯的下列说法中错误的是________。
A. 桅灯的光照范围是从船舶的正前方到每舷的正横后 22.5°内显示不间断的灯光
B. 对同一船舶而言，桅灯、舷灯、尾灯的能见距离各不相同
C. 舷灯的光照范围是从船舶的正前方到各自一舷的正横后 22.5°内分别显示不间断的灯光
D. 尾灯的光照范围是从船舶的正后方到每一舷 67.5°范围内显示不间断的灯光

10. 操纵号灯是一盏________，其能见距离至少 4 km。
A. 红光环照灯　　B. 绿光环照灯
C. 白光环照灯　　D. 黄光环照灯

11. 前、后桅灯的水平距离不小于船舶长度的________。
A. 1/3　　B. 1/2
C. 2/3　　D. 1/4

12. 红、绿闪光灯的闪光频率为每分钟________闪次。
A. 40～50　　B. 50～70
C. 90～100　　D. 100～120

13. 船首灯使灯光________显示。
A. 在船舶的正前方 225°　　B. 从船舶的正前方到每一舷 45°
C. 从船舶的正前方到每一舷 90°　　D. 在船舶的正前方 135°

14. 客渡船双箭头号型的颜色为________。
A. 黑色　　B. 白色
C. 棕色　　D. 橘黄色

15. 下列哪个号型可能不是黑色？
A. 球形　　B. 十字形
C. 双箭头　　D. 圆柱形

16. 号灯应在下列哪些时间显示？
①从日落到日出；②白天有雾能见度不良时；③在任何时候
A. ①②　　B. ①
C. ③　　D. ②

17. 白天能见度不良时，船舶应________。
A. 只显示规定的号型　　B. 只显示规定的号灯
C. 显示规定的号型，也可显示有关号灯　　D. 显示规定的号灯和号型

18. 以下说法正确的是________。
A. 有关号灯、号型的各条规定从日落到日出期间都应当遵守
B. 在白天能见度不良的情况下也应显示有关号灯
C. 在显示号灯的时间内，应尽量避免可能与规定号灯相混淆或者减弱其显示性能的灯光
D. 在能见度不良的夜间也应显示有关号灯与号型

19. 白天能见度不良时，船舶应________。
A. 显示规定的号灯和号型

B. 只显示规定的号型

C. 只显示规定的号灯

D. 显示规定的号型,也可同时显示有关号灯

20. 号型在下列哪种情况下不必显示?

A. 从日落到日出　　B. 白天能见度不良的情况下

C. 晨昏蒙影　　D. 能见度良好的白天

21. 下列________可以在号灯显示时间内使用。

A. 会被误认为内规号灯的灯光

B. 会削弱号灯的能见距离或显示特性的灯光

C. 妨碍瞭望的灯光

D. 探照灯的灯光

22. 关于号灯与号型的使用,下列说法正确的是________。

A. 是有严格的时间限制的　　B. 根据情况只能选择一种

C. 可以根据情况同时使用　　D. 未有明确规定

23. 号灯、号型均应当显示在________。

A. 最易见处　　B. 桅杆上

C. 船舶顶棚上　　D. 未有明确规定

24. 两机动船对驶相遇时,下行船(顺流船)要求上行船(逆流船)从其左舷会过时,应连续显示绿闪光灯。

A. 对　　B. 错

25. 两机动船对驶相遇时,夜间不应同时连续显示红闪光灯和绿闪光灯。

A. 对　　B. 错

26. 除另有规定外,船长在 12 米到 50 米之内的在航机动船夜间应显示前桅灯、后桅灯、舷灯、尾灯。

A. 对　　B. 错

27. 除另有规定外,船舶长度在 50 米以上的机动船单船在航时,应显示的号灯是________。

A. 桅灯、舷灯、尾灯　　B. 前桅灯、后桅灯、舷灯、尾灯

C. 前桅灯、后桅灯、尾灯　　D. 桅灯、舷灯

28. 所有机动船在航时均应显示桅灯、舷灯和尾灯。

A. 对　　B. 错

29. 下列号灯中,________不可能是长度小于 50 m 的在航机动船夜间显示的号灯。

A. 前后桅灯两盏,左、右舷灯各一盏,尾灯一盏

B. 桅灯一盏,左、右舷灯各一盏,尾灯一盏

C. 白光环照灯一盏、红绿光并合灯一盏

D. 红、白、绿三色灯一盏

30. 下列说法不正确的是________。

A. 快速船在航行时,除了显示在航机动船规定的号灯外,还须显示一盏黄色闪光灯

B. 限于吃水的海船在航行时,除了显示在航机动船规定的号灯外,夜间还须显示红光环照灯三盏,白天悬挂圆柱号型一个

C. 横江渡船在航时，夜间除了显示在航机动船规定的号灯外，还应在桅杆的横桁两端显示绿光环照灯各一盏

D. 客渡船在航时，白天在桅杆横桁的一侧悬挂一个黑色的双箭头号型

31. 长度小于 12 m 的机动船夜间在航，下列号灯显示错误的是________。

A. 显示桅灯、舷灯和尾灯

B. 显示红、白、绿光三色灯一盏

C. 显示白光环照灯一盏和红、绿光并合灯一盏

D. 显示白光环照灯一盏

32. 横江渡船在航行时，夜间除了显示在航机动船规定的号灯外，在桅杆的横桁两端显示________各一盏。

A. 绿光环照灯　　B. 红光环照灯

C. 黄光环照灯　　D. 白光环照灯

33. 横江渡船在航时应悬挂________号型一个。

A. 球形　　B. 双箭头

C. 十字形　　D. 菱形

34. 限于吃水的海船在航时，除显示同长度机动船单船在航规定的号灯外，还应显示下列什么号灯？

A. 红光环照灯两盏　　B. 红光环照灯三盏

C. 红、白、红光环照灯各一盏　　D. 白、绿、白光环照灯各一盏

35. 夜间看到前方某船显示如图所示的号灯，可以判断该船是________。

A. 工程船　　B. 限于吃水的海船

C. 航标艇　　D. 横江渡船

36. 限于吃水的船舶在航时显示的号型是________。

A. 一个圆锥体尖端向下　　B. 一个圆锥体尖端向上

C. 两个圆锥体尖端对接　　D. 一个圆柱体

37. 顶推船队在航时，最前面一艘驳船应当显示________一盏，其灯光不得在________显露。

A. 桅灯；正横处　　B. 桅灯；正横以后

C. 船首灯；正横处　　D. 船首灯；正横以后

38. 顶推船队在航时，若一艘被顶推船的船尾超过拖船船尾，则该被顶推船除显示舷灯外，还应当显示________。

A. 白光环照灯　　B. 白光尾灯

C. 红闪光灯　　D. 绿闪光灯

39. 两艘以上拖船共同顶推船舶、排筏时，应当________。

A. 所有拖船均显示顶推船队的号灯

B. 最后一艘拖船上显示顶推船队的号灯

C. 两端的拖船上显示顶推船队的号灯

D. 一艘拖船上显示顶推船队的号灯，其余拖船只显示被顶推船号灯

40. 顶推船队夜间在航时，拖船除显示舷灯、尾灯外，还应当垂直显示________。

A. 白光桅灯两盏　　B. 白、绿、白光桅灯各一盏

C. 白光桅灯三盏　　D. 绿、白、绿光桅灯各一盏

41. 船首灯应安置在船队中被顶推或被吊拖的驳船船首上。

A. 对　　B. 错

42. 顶推排筏在航时，拖船除显示舷灯、尾灯外，还应显示白、绿、白光桅灯各一盏。

A. 对　　B. 错

43. 顶推船队在航时，若一艘被顶推船的船尾超过拖船船尾，则该被顶推船应当显示尾灯。

A. 对　　B. 错

44. 两艘以上拖船共同顶推船舶、排筏时，应当在最后一艘拖船上显示顶推船队的号灯，其余拖船只显示被顶推船号灯。

A. 对　　B. 错

45. 拖船在顶推船舶、排筏时应显示________。

A. 桅灯、舷灯、尾灯　　B. 两盏桅灯、舷灯、尾灯

C. 三盏桅灯、舷灯、尾灯　　D. 三盏环照白灯、舷灯、尾灯

46. 两艘以上拖船共同顶推船舶、排筏时，应当________显示顶推船队的号灯，其余拖船只显示被顶推船号灯。

A. 在其中一艘拖船上　　B. 在至少两艘拖船上

C. 在最后一艘拖船上　　D. 拖船都按拖带形式

47. 顶推船队中没有超过拖船船尾的驳船________。

A. 不必显示尾灯　　B. 也可以显示尾灯

C. 应该显示尾灯　　D. 规则未明确

48. 船队中驳船的舷灯________。

A. 必须两舷全部显示　　B. 未被遮挡的一舷应当显示

C. 只能任选一舷显示　　D. 规则未明确

49. 吊拖排筏的船队在航时，拖船除显示舷灯、尾灯外，还应显示下列哪些号灯？

A. 红、绿、白光桅灯各一盏　　B. 白、绿、白光桅灯各一盏

C. 黄、绿、白光桅灯各一盏　　D. 红、绿、红光桅灯各一盏

50. 长度未满 30 米的船舶被吊拖为单排一列式在航时，每艘船可以显示________，以代替红、绿光舷灯。

A. 白光环照灯一盏　　B. 红、绿并合灯一盏

C. 红、白、绿三色灯一盏　　D. 白光环照灯两盏

51. 吊拖船队的最后一排应当显示________。

A. 白闪光灯　　B. 白环照灯

C. 白光桅灯　　D. 白光尾灯

52. 下列说法正确的是________。

A. 物体在被吊拖、顶推时,夜间应当显示白光环照灯一盏

B. 排筏被顶推时,夜间应当在排首两角高出排面至少 1 m 处显示白光环照灯各一盏

C. 长度未满 30 m 的船舶被吊拖为单排一列式时,夜间每艘船可以显示白光环照灯一盏以代替红、绿光舷灯

D. 吊拖排筏时,夜间拖船应当显示白、绿、白桅灯各一盏

53. 前后吊拖船舶、排筏或者采用又吊拖又顶推的混合队形的船队在航时,下列哪艘拖船应显示吊拖号灯?

A. 最前面一艘拖船　　B. 中间一艘拖船

C. 最后面一艘拖船　　D. 任意一艘拖船

54. 船队在航时,拖船除显示舷灯、尾灯外,还应当按拖带形式,当________。

A. 吊拖或者吊拖又顶推船舶时,显示白光桅灯两盏

B. 吊拖或者吊拖又顶推船舶时,显示白光桅灯三盏

C. 吊拖排筏时,显示红、绿、白光桅灯各一盏

D. 吊拖排筏时,显示红、绿、红光桅灯各一盏

55. 拖船在吊拖船舶或吊拖又顶推船舶时应显示________。

A. 桅灯、舷灯、尾灯　　B. 两盏桅灯、舷灯、尾灯

C. 三盏桅灯、舷灯、尾灯　　D. 三盏环照白灯、舷灯、尾灯

56. 船队夜间在航时,拖船除显示舷灯、尾灯外,还应当按拖带形式,当________。

A. 吊拖或者吊拖又顶推船舶时,显示白光桅灯三盏

B. 吊拖或者吊拖又顶推船舶时,显示白光桅灯两盏

C. 吊拖排筏时,显示红、绿、白光桅灯各一盏

D. 吊拖排筏时,显示白光桅灯两盏

57. 人力船、帆船在航时,应当在船尾最易见处显示________一盏。

A. 白光环照灯　　B. 红光环照灯

C. 绿光环照灯　　D. 黄闪光灯

58. 人力船、帆船确实不能按机动船的要求方向避让时,白天用白色号旗________。

A. 上下挥动　　B. 左右横摇

C. 前后摆动　　D. 在不能会船一舷挥动

59. 航行中,看到前方一人力船用白色信号旗左右横摇,这表示________。

A. 遇险,要求援救

B. 正在过江

C. 由于操作困难,不能按照我船要求的方向避让

D. 将要向左或向右转向

60. 下列说法正确的是________。

A. 航行中,看到前方一人力船用白色信号旗左右横摇,表示该船不能按照机动船要求的方向避让

B. 排筏流放时,夜间应当在四角高出排面至少 1 m 处显示白光环照灯各一盏

C. 人力船、帆船要求来船减速时,白天可以在空中挥动白色号旗,夜间可以挥动白光灯

D. 人力船遇见机动船驶来时,夜间应当及早在船头显示另一盏白光环照灯或者白光手电

筒,直到机动船驶过为止

61. 自航工程船在航施工时,夜间除显示机动船在航号灯外,还应当垂直显示________环照灯各一盏。

A. 白、红、白光　　B. 红、白、红光

C. 红、红、白光　　D. 绿、红、红光

62. 工程船未进入工地或者已撤出工地时,应当显示下列哪种号灯?

A. 自航工程船在航施工的号灯　　B. 工程船在工地其位置固定时的号灯

C. 一般船舶规定的号灯　　D. 机动单船的号灯

63. 在航道中,夜间看见一船的绿光舷灯,以及在桅杆显示的红、白、红光环照灯各一盏,经判断该船是下列哪种船舶?

A. 在航的横江渡船　　B. 在航施工的自航工程船

C. 在航的拖船　　D. 在航的快速船

64. 自航工程船在航施工时,除显示机动船在航号灯外,夜间垂直显示________环照灯各一盏,白天悬挂________号型各一个。

A. 白、红、白;球形、菱形、球形　　B. 白、红、白;菱形、球形、菱形

C. 红、白、红;球形、菱形、球形　　D. 红、白、红;菱形、球形、菱形

65. 船舶有潜水员在水下作业时,夜间应当显示________一盏,白天悬挂________字信号旗一面。

A. 白光环照灯;“A”　　B. 白光环照灯;“B”

C. 红光环照灯;“A”　　D. 红光环照灯;“B”

66. 被拖船拖带的工程船在航施工时,夜间除显示船队号灯外,还应当显示与自航工程船在航施工时相同的号灯、号型。

A. 对　　B. 错

67. 自航工程船在航施工时,夜间除显示机动船在航号灯外,还应当垂直显示白、红、白光环照灯各一盏。

A. 对　　B. 错

68. 工程船在其工地位置固定施工时,夜间在不通航的一侧应显示下列什么号灯?

A. 红光环照灯一盏　　B. 红光环照灯两盏

C. 绿光环照灯一盏　　D. 白光环照灯两盏

69. 工程船所伸出排泥管,夜间应当在管头和管尾并每隔 50 米距离显示下列什么号灯?

A. 白光环照灯一盏　　B. 白光环照灯两盏

C. 红光环照灯一盏　　D. 红光环照灯两盏

70. 工程船在其工地位置固定时,夜间显示环照灯三盏,其连线构成尖端向上的等边三角形,通航的一侧是________。

A. 红光环照灯　　B. 白光环照灯

C. 绿光环照灯　　D. 黄色闪光灯

71. 未进入工地的工程船夜间在航应该________。

A. 显示与在航机动船相同的号灯

B. 除显示在航号灯外还要显示未施工的号灯

C. 显示工程船在航的信号

D. 显示与自航工程船相同的号灯

72. 夜间一船显示舷灯、尾灯，同时还显示红、白、红环照灯各一盏，该船可能是________。

A. 自航工程船在航施工　　　　B. 限于吃水的海船在航

C. 装运危险货物的船　　　　D. 工程船在工地其位置固定时

73. 自航工程船在航施工时，除显示机动船在航号灯外，夜间还应当显示________环照灯各一盏。

A. 红、白、红光　　　　B. 白、红、白光

C. 红、红、白光　　　　D. 白、绿、白光

74. 如图所示，自航工程船在航施工时应显示的号型是________。

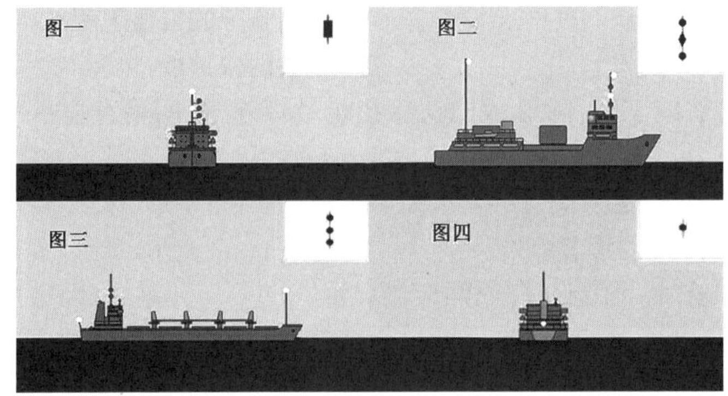

A. 图一　　　　B. 图二

C. 图三　　　　D. 图四

75. 自航工程船在航施工时，白天应悬挂________号型各一个。

A. 圆球、菱形、圆球　　　　B. 圆球、圆球、菱形

C. 菱形、圆球、菱形　　　　D. 菱形、菱形、圆球

76. 工程船在其工地位置固定施工时，白天在通航的一侧应悬挂下列什么号型？

A. 十字形一个　　　　B. 菱形一个

C. 圆球一个　　　　D. 圆球两个

77. 工程船在固定位置施工时，白天在桅杆横桁两端各悬挂号型一个，通航的一侧为________，不通航的一侧为________。

A. 球形；菱形　　　　B. 球形；十字形

C. 十字形；球形　　　　D. 球形；双箭头形

78. 在航道中，夜间一船看见另一船的白光尾灯，以及在桅杆处显示的红、白光环照灯各一盏，经判断另一船是下列哪种船舶？

A. 掉头的机动船或船队　　　　B. 掉头的自航工程船

C. 掉头的帆船　　　　D. 有潜水员在水下作业的工程船

79. 长度为________以上的机动船或者船队在掉头前，应显示红、白环照灯各一盏。

A. 12 米　　　　B. 20 米

C. 30 米　　　　D. 50 米

80. 长度为 30 米以上的机动船或者船队，在掉头前________分钟，夜间应显示________环照灯

各一盏。

A. 3;白、红　　B. 3;红、白

C. 5;白、红　　D. 5;红、白

81. 长度为 30 米以上的机动船或者船队,在掉头前 5 分钟,夜间应当显示________各一盏。

A. 红、黄光环照灯　　B. 红、白光环照灯

C. 红、蓝光环照灯　　D. 黄、白光环照灯

82. 夜间你船在航道中看见来船红光舷灯、三盏白光桅灯,以及上红下白的环照灯各一盏,你船认为来船是________。

A. 要求减速的顶推船队　　B. 要求减速的吊拖船队

C. 准备或正在掉头的顶推船队　　D. 准备或正在掉头的吊拖船队

83. 夜间见前方显示如图所示的号灯,本船应________。

A. 保向保速　　B. 向左转向

C. 向右转向　　D. 减速或绕行

84. 下列说法正确的是________。

A. 船舶掉头的信号应该提前显示

B. 船舶掉头的信号应该在掉头完毕后 5 分钟内熄灭或者落下

C. 只有长度为 50 m 以上的机动船或者船队才可以显示掉头信号

D. 能见度不良的白天,船舶掉头也可以显示红、白光环照灯各一盏代替上为锚球下为回答旗一面的号型

85. 掉头号灯为________环照灯各一盏。

A. 红、白光　　B. 白、红光

C. 绿、红光　　D. 绿、白光

86. 长度为 30 米以上的机动船或者船队,在掉头前,白天悬挂________的信号,掉头完毕后落下。

A. 黑球　　B. 回答旗

C. 上为回答旗、下为黑球　　D. 上为黑球、下为回答旗

87. 航行中,看到前方机动船(或船队)刚显示的信号是:一个圆球下面为一回答旗。该机动船(或船队)________。

A. 已完成掉头　　B. 正在掉头

C. 准备掉头　　D. 将要向左或向右转向

88. 根据下图所示的船舶显示的号灯,判断该船是________船。

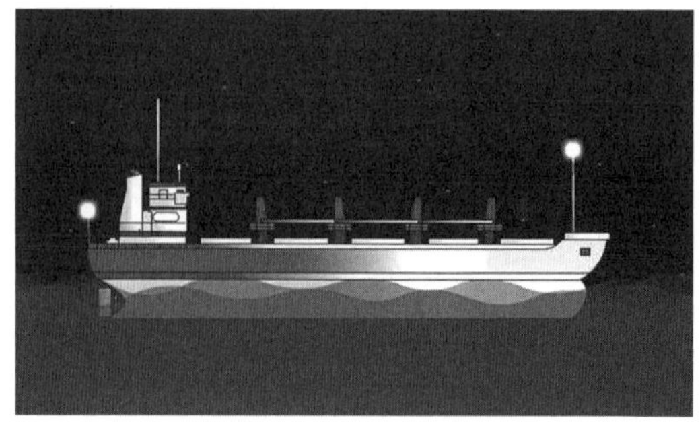

A. 搁浅　　B. 失去控制

C. 在航施工　　D. 锚泊

89. 停泊的船舶、排筏向外伸出有碍其他船舶行驶的缆索、锚、锚链或者其他类似的物体时，应当在伸出的方向，夜间显示________一盏。

A. 白闪光灯　　B. 白光环照灯

C. 红光环照灯　　D. 黄光环照灯

90. 船舶长度 50 米以上的机动船因主机出现故障，进行锚泊修理时，夜间应显示下列哪些号灯？

A. 白光环照灯一盏

B. 在船的前部和尾部各显示白光环照灯一盏

C. 红光环照灯一盏

D. 红光环照灯两盏

91. 排筏停泊时，夜间靠航道一侧________各显示白色环照灯一盏。

A. 前部和后部　　B. 前部、中部和后部

C. 前部和中部　　D. 中部和尾部

92. 除航标艇外，船舶长度未满 50 米的机动船停泊时，应显示下列什么号灯？

A. 白光环照灯一盏　　B. 白光环照灯两盏

C. 红光环照灯一盏　　D. 绿光环照灯一盏

93. 船舶在________应当显示停泊号灯。

①锚泊时；②停靠码头、坡岸时；③系泊浮筒时；④起锚锚未离地时；⑤抛锚掉头时

A. ①②③　　B. ①②③④⑤

C. ①②③④　　D. ④

94. 长度为________以上的机动船停泊时，应当在前部和尾部各显示白光环照灯一盏，前灯高于后灯。

A. 40 米　　B. 50 米

C. 60 米　　D. 70 米

95. 关于机动船、非自航船停泊时的号型、号灯，下述说法不正确的是________。

A. 白天锚泊时悬挂圆球一个

B. 船舶长度为 50 米以上的，夜间在前部和尾部各显示白光环照灯一盏，前灯高于后灯

C. 船舶长度未满 50 米的，夜间显示白光环照灯一盏

D. 船舶长度为 50 米以上的，白天锚泊时在前部和尾部各悬挂圆球一个

96. 长度为 50 米以上的机动船在停泊时，应当在前部和尾部各显示白光环照灯一盏，________。白天锚泊时悬挂圆球一个。

A. 前、后灯一样高 B. 前灯低于后灯

C. 前灯高于后灯 D. 对两灯的高低没有要求

97. 停泊的船舶、排筏向外伸出有碍其他船舶行驶的缆索、锚、锚链或者其他类似的物体时，应当在伸出的方向，夜间显示________一盏。

A. 白光环照灯 B. 白闪光灯

C. 红闪光灯 D. 红光环照灯

98. 白天某船悬挂一个圆球，并在其右舷伸出一红色信号旗，这表明该船________。

A. 右舷搁浅

B. 失去控制，无法向右转向

C. 正在锚泊，其右舷有碍航的锚链或缆索向外伸出

D. 正在捕鱼

99. 停泊的船舶、排筏向外伸出有碍其他船舶行驶的缆索、锚、锚链或者其他类似的物体时，应当在伸出的方向，白天悬挂红色号旗一面。

A. 对 B. 错

100. 船舶长度为 50 米以上的非自航船停泊时，白天应在船的前部和尾部悬挂圆球各一个。

A. 对 B. 错

101. 失去控制的船舶在锚泊后，应悬挂两个圆球。

A. 对 B. 错

102. 停泊的船舶、排筏向外伸出有碍其他船舶行驶的缆索、锚、锚链或者其他类似的物体时，应当在伸出的方向，夜间显示红光环照灯一盏，白天悬挂三角红旗一面。

A. 对 B. 错

103. 某机动船锚泊时，白天应悬挂下列什么号型？

A. 圆球一个 B. 圆球两个

C. 菱形一个 D. 十字形一个

104. 船舶长度为 50 m 以上的机动船停泊时，下列说法错误的是________。

A. 白天在前部和尾部悬挂锚球各一个

B. 夜间在前部和尾部显示白光环照灯各一盏

C. 在白天能见度不良时也可以显示停泊灯

D. 停泊时的停泊灯，前灯高于后灯

105. 下列说法正确的是________。

A. 排筏停泊时，夜间应靠航道一侧，前部和后部各显示红光环照灯一盏

B. 人力船、帆船停泊时，夜间显示白光环照灯一盏，白天悬挂圆球一个

C. 停泊的船舶、排筏向外伸出有碍其他船舶行驶的缆索、锚、锚链或者其他类似的物体时，白天在伸出的方向挂红色信号旗一面

D. 船舶长度为 50 m 以上的机动船停泊，白天悬挂圆球两个，前球高于后球

106. 船舶、排筏锚泊时，白天应显示________。

A. 一个圆球 B. 船首、尾各一个圆球

C. 垂直两个圆球　　D. 垂直三个圆球

107. 搁浅的机动船、非自航船夜间除显示停泊号灯外,还应当垂直显示________两盏。

A. 绿光环照灯　　B. 红光环照灯

C. 白光环照灯　　D. 黄光环照灯

108. 搁浅的机动船、非自航船夜间应当显示________。

A. 红光环照灯一盏　　B. 红光环照灯两盏

C. 红光环照灯三盏　　D. 停泊号灯和红光环照灯两盏

109. 搁浅的机动船、非自航船夜间除显示________外,还应当显示红光环照灯两盏,白天悬挂圆球三个。

A. 在航号灯　　B. 搁浅号灯

C. 失控号灯　　D. 停泊号灯

110. 搁浅的机动船、非自航船夜间除显示停泊号灯外,还应当显示红光环照灯________盏,白天悬挂黑球________个。

A. 1;3　　B. 2;2

C. 2;3　　D. 3;3

111. 夜间前方一艘显示下图所示号灯的船舶,该船是________。

	红	
	红	
白		
		白

A. 失去控制的机动单船

B. 掉头的机动船或者船队

C. 搁浅的机动船或非自航船

D. 搁浅的船舶长度为 50 米以上的机动船或非自航船

112. 搁浅的机动船、非自航船夜间除显示 ________外,还应当显示红光环照灯两盏。

A. 搁浅号灯　　B. 停泊号灯

C. 绿光环照灯一盏　　D. 白光环照灯一盏

113. 搁浅的机动船,夜间应显示________,白天悬挂________。

A. 红光环照灯两盏;圆球两个

B. 红光环照灯两盏;圆球三个

C. 停泊号灯; 圆球三个

D. 停泊号灯和红光环照灯两盏;圆球三个

114. 夜间航行中,看到前方一船除显示停泊号灯外,还显示红光环照灯两盏,该船是________。

A. 装运危险货物的船舶　　B. 准备掉头的油船

C. 搁浅船　　D. 限于吃水的海船

115. 白天在航的机动船因舵机故障而造成搁浅,此时应立即悬挂下列哪种号型?

A. 圆球一个　　B. 圆球两个

C. 圆球三个　　　　D. 圆球四个

116. 搁浅的机动船、非自航船在白天应悬挂下列哪种号型？

A. 圆球一个　　　　B. 圆球两个

C. 圆球三个　　　　D. 圆球四个

117. 搁浅的机动船在白天应显示的号型是________。

A. 一个锚球和垂直三个黑球　　　　B. 垂直三个黑球

C. 一个锚球和垂直两个黑球　　　　D. 垂直两个黑球

118. 在航行中，一艘机动船因舵机故障而造成搁浅，此时应当悬挂圆球两个。

A. 对　　　　B. 错

119. 搁浅的机动船、非自航船，白天应悬挂圆球三个。

A. 对　　　　B. 错

120. 装运易爆、易燃、剧毒、放射性危险货物的船舶在停泊、装卸及航行中，除显示一般船舶规定的信号外，夜间还应当在桅杆的横桁上显示________一盏。

A. 红闪光灯　　　　B. 白光环照灯

C. 红光环照灯　　　　D. 黄光环照灯

121. 在下列哪些情况下，装运危险货物的船舶除显示一般船舶规定的信号外，夜间还应当在桅杆的横桁上显示红光环照灯一盏？

①航行；②停泊；③装卸

A. ①②　　　　B. ①③

C. ②③　　　　D. ①②③

122. 一油船在停泊、装卸及航行中，白天悬挂________一面。

A. “A”信号旗　　　　B. “B”信号旗

C. 红色号旗　　　　D. 白色号旗

123. 夜间航行中，看到前方一船除显示锚泊信号外，还在桅杆的横桁上显示红光环照灯一盏，该船是________。

A. 遇险船　　　　B. 准备掉头船

C. 锚泊的危险品船舶　　　　D. 失控船

124. 载运危险货物的船舶在停泊、装卸及航行中，除显示一般船舶规定的信号外，夜间还应当在桅杆的横桁上显示________一盏，白天悬挂________一面。

A. 白光环照灯；红色号旗　　　　B. 红闪光灯；“A”信号旗

C. 红光环照灯；“B”信号旗　　　　D. 白光环照灯；白色号旗

125. 夜间航行中，看到前方一船除显示在航信号外，还在桅杆的横桁上显示红光环照灯一盏，该船是________。

A. 装运危险货物的船舶　　　　B. 准备掉头船

C. 要求会红灯的船　　　　D. 遇险船

126. 下列说法正确的是________。

A. 危险品船夜间停泊时，显示停泊灯和红光环照灯两盏

B. 载有危险货物的船舶在停泊、装卸及航行中，除显示一般船舶规定的信号外，夜间还应当在桅杆的横桁上显示红光环照灯一盏

C. 夜间航行看到红光环照灯三盏,说明该船是搁浅的危险品船

D. 夜间航行看到红光环照灯一盏,说明该船是锚泊的危险品船

127. 要求减速的船舶、排筏或者地段,应当在桅杆横桁处或者地段上下两端,夜间垂直显示________各一盏。

A. 黄、绿光环照灯　　B. 绿、红光环照灯

C. 绿、白光环照灯　　D. 红、白光环照灯

128. 重载人力船、帆船要求机动船减速,白天用________,在空中上下挥动。

A. 白色号旗　　B. 红色号旗

C. 黄色号旗　　D. 黑色号旗

129. 要求减速的地段,夜间应当在________显示绿、红光环照灯各一盏。

A. 地段上端　　B. 地段下端

C. 地段上下两端　　D. 地段沿线

130. 航行中看到附近前方一船在桅杆横桁处显示绿、红光环照灯各一盏,驾驶员应该________。

A. 备车通过　　B. 加车尽快通过

C. 与本船无关　　D. 立即减速

131. 白天看到某机动船在右舷挥动白旗,表示________。

A. 求救　　B. 要求来船减速

C. 向右转向　　D. 要求右舷会船

132. 要求减速的船舶、排筏或者地段,白天应当悬挂信号________。

A. 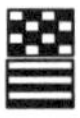 N C　　B. 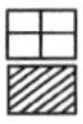 R Y

C.  B　　D. 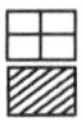 Y R

133. 夜间左前方有一艘显示下图所示号灯的船舶,该船是________。

○ 绿
○ 红

A. 横江渡船　　B. 航标艇在航

C. 限于吃水的船舶　　D. 要求减速的船舶

134. 重载人力船、帆船要求机动船减速,白天应用________,在空中________挥动。

A. 白色号旗;上下　　B. 白色号旗;左右

C. 红色号旗;上下　　D. 红色号旗;左右

135. 要求减速的船舶、排筏或者地段,应当在桅杆横桁处或者地段上下两端,夜间显示________各一盏,白天悬挂________信号旗。

A. 白、红光环照灯;“RY”　　B. 绿、红光环照灯;“RY”

C. 绿、白光环照灯;“UY”　　D. 白、红光环照灯;“UY”

136. 要求减速的船舶夜间应当在桅杆横桁处垂直显示________环照灯各一盏。

A. 绿、红光　　B. 白、绿光

C. 白、红光　　D. 红、绿光

137. 下列说法正确的是________。

A. 重载的人力船若要求减速,白天用白色号旗上下挥动

B. 鸣放汽笛一短一长,含义是要求来船减速

C. 机动船看见要求减速的信号应尽可能到对岸行驶,保持较开距离,避免浪损

D. 没有明确显示信号要求他船减速的船舶、排筏、地段,机动船可以常速行驶

138. 人力船、帆船捕鱼时,不论在航或者停泊,夜间均应当显示________一盏。

A. 红光环照灯　　B. 白光环照灯

C. 绿光环照灯　　D. 黄光环照灯

139. 渔船有外伸渔具时,在渔具伸出方向,夜间应显示________一盏。

A. 绿光环照灯　　B. 白光环照灯

C. 红光环照灯　　D. 红色闪光灯

140. 渔船不在捕鱼时,应显示一般船舶规定的信号。

A. 对　　B. 错

141. 人力船、帆船捕鱼时,不论在航或者停泊,夜间均应当显示下列什么号灯?

A. 白光环照灯一盏　　B. 白光环照灯两盏

C. 绿光环照灯一盏　　D. 红光环照灯一盏

142. 夜间在右前方见到一艘显示下图所示的号灯的船舶,该船是________。

○白
○绿
○白
○绿

A. 机动船在掉头　　B. 要求减速的船舶

C. 机动船在捕鱼　　D. 航标艇在航

143. 某机动船夜航时,发现前船显示绿、白光环照灯各一盏,在其旁边水面上显示一盏白光环照灯,则该白光环照灯表示的是________。

A. 工程船所伸出的排泥管　　B. 锚泊船的锚链伸出方向

C. 排筏向外伸出的缆索　　D. 渔船外伸渔具的伸出方向

144. 机动船在捕鱼时,夜间除显示机动船在航或者锚泊的号灯外,还应当显示________光环照灯各一盏。

A. 绿、白　　B. 绿、红

C. 红、白　　D. 白、绿

145. 渔船有外伸渔具时,应当在渔具伸出方向夜间显示________,白天悬挂三角红旗一面。

A. 红光环照灯一盏　　B. 绿光环照灯一盏

C. 白光环照灯一盏　　D. 黄光环照灯一盏

146. 机动船在航捕鱼时,白天应悬挂________所组成的号型。

A. 圆锥体和圆球　　B. 菱形和十字形

C. 尖端相对的两个圆锥体　　D. 圆柱体和圆锥体

147. 人力船、帆船捕鱼时,不论在航或者停泊,白天应悬挂________一个。

A. 菱形　　B. 圆柱

C. 圆球　　D. 篮子

148. 渔船有外伸渔具时，应当在渔具伸出方向，白天悬挂________一面。

A. 白色号旗　　B. 红色号旗
C. 三角红旗　　D. 三角白旗

149. 渔船不捕鱼时，下列说法正确的是________。

A. 不必显示信号
B. 夜间显示绿、白光环照灯各一盏，白天悬挂尖端相对的两个锥体所组成的号型
C. 显示一般船舶规定的信号
D. 显示引起周围船舶注意的信号

150. 渔船有外伸渔具时，应当在渔具伸出方向，白天悬挂红色号旗一面。

A. 对　　B. 错

151. 人力船、帆船捕鱼时，不论在航或者停泊，白天均应悬挂下列什么号型？

A. 圆锥体一个　　B. 尖端相对的两个圆锥体所组成的号型一个
C. 菱形一个　　D. 篮子一个

152. 机动船在捕鱼时，白天悬挂的号型为________。

A. 　　B.
C. 　　D. 篮子一个

153. 人力船、帆船捕鱼时，不论在航或者停泊，夜间均应当显示________，白天悬挂________。

A. 白光环照灯一盏； 　　B. 红光环照灯一盏； 
C. 白光环照灯一盏；篮子一个　　D. 红光环照灯一盏；篮子一个

154. 机动船在捕鱼时，白天悬挂________所组成的号型。

A. 尖端向上的两个圆锥体　　B. 菱形
C. 尖端相对的两个圆锥体　　D. 黑篮子

155. 失去控制的机动船、非自航船锚泊前，夜间除显示舷灯和尾灯外，还应当显示下列哪些号灯？

A. 红光环照灯一盏　　B. 红光环照灯两盏
C. 红光环照灯三盏　　D. 红、绿光环照灯各一盏

156. 夜间，在航的机动船一旦发现舵机损坏后，应立即________。

A. 开启红光环照灯两盏
B. 关闭桅灯，开启红光环照灯两盏

C. 关闭桅灯、舷灯、尾灯，开启红光环照灯两盏
D. 关闭桅灯、舷灯、尾灯，开启白光环照灯一盏

157. 失去控制的机动船、非自航船锚泊前，夜间除显示舷灯和尾灯外，还应当显示________两盏；白天悬挂________两个。
A. 红光环照灯；圆球　　B. 白光环照灯；圆锥
C. 白光环照灯；圆球　　D. 红光环照灯；圆锥

158. 航行中看到前方一船除显示舷灯和尾灯外，还显示红光环照灯两盏，该船是________。
A. 危险品船　　B. 准备掉头的船
C. 失控船　　D. 要求会红灯的船

159. 夜间，在航的机动船一旦发现舵机损坏后，应立即关闭桅灯，开启红光环照灯两盏。
A. 对　　B. 错

160. 船舶长度在 50 米以上的某机动船的主机出现故障，锚泊后进行修理时，夜间应显示下列什么号灯？
A. 白光环照灯一盏
B. 在船的前部和尾部各显示白光环照灯一盏
C. 红光环照灯一盏
D. 除显示锚灯外，还应显示红光环照灯两盏

161. 你船在夜航突然发现舵机和应急舵机都已损坏，此时你应________。
A. 立即关闭航行灯，显示两盏红光环照灯
B. 立即关闭桅灯，显示两盏红光环照灯
C. 立即关闭尾灯，显示两盏红光环照灯
D. 立即关闭舷灯，显示两盏红光环照灯

162. 失去控制的机动船、非自航船锚泊前，夜间要显示舷灯和尾灯，这说明________。
A. 失控属于在航　　B. 失控是锚泊的一种
C. 没有桅灯不属于在航　　D. 失控船是让路船

163. 失去控制的机动船、非自航船在锚泊前，夜间除显示________外，还应显示红光环照灯两盏。
A. 在航机动船号灯　　B. 桅灯
C. 舷灯　　D. 舷灯和尾灯

164. 失去控制的机动船、非自航船锚泊前，夜间应显示________，白天悬挂圆球________。
A. 红光环照灯两盏；两个
B. 红光环照灯两盏；三个
C. 舷灯、尾灯、红光环照灯两盏；两个
D. 舷灯、尾灯、红光环照灯两盏；三个

165. 失去控制的机动船、非自航船锚泊前，白天应悬挂下列哪种号型？
A. 圆球一个　　B. 圆球两个
C. 圆锥形一个　　D. 圆锥形两个

166. 失去控制的船舶锚泊后，白天应悬挂________。
A. 圆柱体一个　　B. 圆球一个

C. 垂直两个球体　　D. 垂直三个球体

167. 失去控制的机动船、非自航船锚泊前,白天应悬挂圆球三个。

A. 对　　B. 错

168. 失去控制的非自航船未锚泊时,应当悬挂圆球两个。

A. 对　　B. 错

169. 航行中看到前方一船白天悬挂圆球两个,该船是________。

A. 抛锚船　　B. 掉头船

C. 工程船　　D. 失控船

170. 船舶通过桥梁需要眠桅而不能按规定显示桅灯时,应当在________上方不受遮挡处显示白光环照灯一盏,代替桅灯,通过后立即恢复原状。

A. 舷灯　　B. 顶甲板

C. 船首　　D. 两舷灯光源连线中点

171. 船舶通过桥梁、架空设施需要眠桅不能按规定显示桅灯时,应当在两舷灯光源连线中点上方不受遮挡处显示________一盏。

A. 桅灯　　B. 白光环照灯

C. 船首灯　　D. 白闪光灯

172. 船舶通过桥梁、架空设施需要眠桅不能按规定显示桅灯时,应当在两舷灯光源连线中点上方不受遮挡处显示________一盏,代替桅灯,通过后立即恢复原状。

A. 红光环照灯　　B. 红闪光灯

C. 白光环照灯　　D. 白闪光灯

173. 船舶通过桥梁、架空设施需要眠桅不能按规定显示桅灯时,应当在________不受遮挡处显示白光环照灯一盏,代替桅灯,通过后立即恢复原状。

A. 两舷灯光源连线中点上方　　B. 顶棚最高处

C. 桅杆的最高处　　D. 船舶最高处

174. 船舶眠桅时显示的白光环照灯是用来代替________。

A. 桅灯　　B. 尾灯

C. 航行灯　　D. 桥灯

175. 航标艇在航时,夜间应显示下列哪些号灯?

A. 桅灯、舷灯、尾灯和绿光环照灯一盏

B. 桅灯、舷灯、尾灯和绿光环照灯两盏

C. 舷灯、尾灯和绿光环照灯一盏

D. 舷灯、尾灯和绿光环照灯两盏

176. 监督艇执行公务时,夜间应当显示下列哪些号灯?

A. 桅灯、舷灯、尾灯和红闪光灯一盏

B. 舷灯、尾灯和绿闪光灯一盏

C. 桅灯、舷灯、尾灯和黄闪光灯一盏

D. 舷灯、尾灯、红闪光旋转灯一盏

177. 夜间在水上看见一船除显示舷灯、尾灯外,还显示两盏绿色环照灯,该船是________。

A. 正在捕鱼的渔船　　B. 在航航标艇

C. 失去控制的船舶　　D. 执行公务的监督艇

178. 航标艇停泊时，夜间应当垂直显示绿光环照灯两盏，________。

A. 还应当显示白光锚灯一盏

B. 还可以显示白光锚灯一盏

C. 不必显示白光锚灯

D. 必要时还应当显示白光锚灯一盏

179. 监督艇在航时，夜间应当显示红闪光旋转灯和________。

A. 机动船在航号灯　　B. 桅灯、舷灯、尾灯

C. 舷灯、尾灯　　D. 不再显示其他号灯

180. 航标艇停泊时，夜间应显示下列什么号灯？

A. 绿光环照灯一盏　　B. 绿光环照灯两盏

C. 白光环照灯一盏　　D. 白光环照灯两盏

181. 夜间在右前方见到如下图所示的号灯的船舶，该船是________。

○绿
○绿
○绿

A. 监督艇在航　　B. 要求减速的船舶

C. 航标艇在航　　D. 机动船在捕鱼

182. 监督艇在航时，夜间除显示桅灯、舷灯、尾灯外，还应显示红闪光旋转灯一盏。

A. 对　　B. 错

183. 航标艇在航时，夜间应当显示两盏绿光环照灯和________。

A. 机动船在航号灯　　B. 舷灯、尾灯

C. 桅灯、舷灯、尾灯　　D. 不再显示其他号灯

184. 下列说法对的是________。

A. 夜航时，航标艇显示桅灯、左右舷灯和 2 盏绿光环照灯

B. 夜航时，监督艇显示左右舷灯和红闪光旋转灯 1 盏

C. 夜航时，航标艇显示左右舷灯、尾灯和 2 盏绿光环照灯

D. 夜航时，监督艇显示桅灯、左右舷灯和红闪光旋转灯 1 盏

185. 航标艇停泊时，夜间应当________。

A. 显示白光环照灯一盏　　B. 显示白光环照灯两盏

C. 显示绿光环照灯两盏　　D. 显示绿光环照灯一盏

第二节　声响信号

1. 机动船应配备：________。

①一只号钟；②一个号笛；③一个有效响器

A. ①②③　　B. ①③

C. ②③　　D. ①②

2. 非自航船应配备哪些声响信号设备？

A. 号钟和号笛　　B. 号钟
C. 号笛　　D. 号钟或其他有效响器

3. 下列哪种船应配备号钟和号笛？
A. 人力船　　B. 帆船
C. 非自航船　　D. 机动船

4. 鸣放声号，组与组之间的时间间隔约为________。
A. 1 秒　　B. 3 秒
C. 4 秒　　D. 6 秒

5. 下列说法正确的是________。
A. 非自航船、人力船、帆船、排筏不必配备声响信号设备
B. 非自航船、人力船、帆船、排筏和机动船一样配备号钟和号笛
C. 非自航船、人力船、帆船、排筏应配备其他有效响器一只
D. 非自航船、人力船、帆船、排筏应配备号钟或其他有效响器一只

6. 下列说法正确的是________。
A. 非自航船、人力船、帆船和排筏应当配备一个号笛
B. 机动船应配备一只号钟和一个号笛
C. 人力船、帆船应该配备有效响器
D. 机动船应该配备号笛和号钟或其他有效响器一只

7. 下列关于号笛的说法不对的是________。
A. 船舶长度为 30 米以上的，可听距离不小于 2 千米
B. 号笛应当安装在船上尽可能高的地方，声音的传播不受阻挡
C. 船舶长度未满 30 米的，可听距离不小于 1 千米
D. 船舶长度为 12 米以下的，可听距离不小于 0.5 千米

8. 号钟发出的声压级，在距它 1 米处，不小于________。
A. 80 分贝　　B. 100 分贝
C. 110 分贝　　D. 120 分贝

9. 机动船在下列哪些情况下才应鸣放声号三短声？
A. 只有正在倒车时才应鸣放
B. 只在有后退倾向时才应鸣放
C. 只有正在倒车并有后退倾向时才应鸣放
D. 只要是船舶正在倒车或者有后退倾向时就应鸣放

10. 船舶鸣放以下________声号，表示向左转向。
A. 一短声　　B. 两短声
C. 三短声　　D. 四短声

11. “一短声”的含义是________。
A. 解缆离码头
B. 同意你的要求
C. 我正在向右转向；与他船对驶相遇时，表示从我左舷会船
D. 知道你的意思

12. “四短声”的含义是________。
    A. 能见度不良时表明我是引航船　　B. 不同意你的要求
    C. 对你是否采取避让措施表示怀疑　　D. 当你通过我时应减速
13. 本船不同意他船追越,应鸣放________的声号。
    A. 四短声　　B. 三短声
    C. 两短声　　D. 一短声
14. 怀疑对方是否已经采取充分避让行动,并警告对方,应当鸣放声号________。
    A. 一长声　　B. 一短声
    C. 五短声　　D. 三短声
15. 短声是指历时________的笛声。
    A. 约 1 秒　　B. 约 2 秒
    C. 约 3 秒　　D. 约 6 秒
16. 下列说法对的是________。
    A. 短声是指历时约 2 秒的笛声,长声是指历时约 6 秒的笛声
    B. 鸣放声号,一组内各笛声的间隔时间约为 2 秒,组与组之间的间隔时间约为 6 秒
    C. 短声是指历时约 1 秒的笛声,长声是指历时约 4~6 秒的笛声
    D. 鸣放声号,一组内各笛声的间隔时间约为 1 秒,组与组之间的间隔时间约为 12 秒
17. 船舶相互驶近,一船无法了解他船意图,则应立即鸣放声号________表示这种怀疑。
    A. 五短声　　B. 四短声
    C. 一长声　　D. 三短声
18. 一组声号内各笛声的间隔时间约为________。
    A. 1 秒　　B. 2 秒
    C. 4 秒　　D. 6 秒
19. 下列哪种声号表示“我将要离泊”?
    A. 一长声　　B. 两长声
    C. 三长声　　D. 一长一短声
20. 下列哪种声号表示“我将要横越”?
    A. 一长声　　B. 两长声
    C. 一长一短声　　D. 一长两短声
21. 在下列哪些情况下,机动船应鸣放声号一长声?
    ①机动船将要离泊时;②机动船将要横越时;③机动船要求来船或者附近船舶注意时
    A. ①②　　B. ①③
    C. ②③　　D. ①②③
22. 下列哪种声号表示“我要求通过船闸”?
    A. 一长声　　B. 两长声
    C. 一长一短声　　D. 一长两短声
23. 下列哪种声号表示“我船要靠泊”?
    A. 一短声　　B. 两短声
    C. 一长声　　D. 两长声

24. 机动船发现有人落水，应立即鸣放声号________。

A. 一长声　　B. 两长声

C. 三长声　　D. 四长声

25. 甲船当近距离发现乙船的避让行动不协调时，为警告乙船注意，应鸣放声号一长声。

A. 对　　B. 错

26. 机动船要求来船或者附近船舶注意，应鸣放声号一长声。

A. 对　　B. 错

27. 机动船将要离泊时，应鸣放声号一长声。

A. 对　　B. 错

28. 机动船要求通过船闸，应鸣放声号一长声。

A. 对　　B. 错

29. 机动船要求靠泊，应鸣放声号两长声。

A. 对　　B. 错

30. 机动船发现人力船、帆船有碍本船航行，应当首先鸣放声号一长声，然后鸣放表示本船动向的声号。

A. 对　　B. 错

31. 长声是指历时 8 秒以上的笛声。

A. 对　　B. 错

32. 机动船发现人力船、帆船有碍本船航行时，应当鸣放引起注意和表示本船动向的声号。引起注意和表示本船动向的声号间隔应为________。

A. 1 秒　　B. 4 秒

C. 4~6 秒　　D. 6 秒

33. 机动船要求通过船闸，应鸣放声号________。

A. 一长声　　B. 两长声

C. 三长声　　D. 一长声两短声

34. 长声是指历时________的笛声。

A. 约 1 秒　　B. 约 1~2 秒

C. 约 2~3 秒　　D. 约 4~6 秒

35. 客渡船鸣放声号两短一长声适用于下列哪种情况？

A. 能见度良好情况　　B. 能见度不良情况

C. 任何能见度情况　　D. 互见中

36. 下列哪种声号表示“我向左掉头”？

A. 两短声　　B. 一长两短声

C. 两短一长声　　D. 一长两短一长声

37. 追越船鸣放声号两长两短声，则表示追越船________。

A. 要求从前船右舷通过　　B. 要求从前船左舷通过

C. 希望和前船联系　　D. 将要或者正向左转弯

38. 机动船鸣放声号一短一长一短声，则表示________。

A. 要求他船减速或者停车　　B. 我船正在减速

C. 我船将要减速　　D. 我船已减速或停车

39. 机动船鸣放声号一短一长声，则表示________。
A. 我船正在向右掉头　　B. 我船将要减速
C. 我船已减速或者停车　　D. 要求他船减速或者停车

40. 机动船鸣放一长两短一长声，则表示________。
A. 要求来船同意我通过　　B. 同意你的要求
C. 我希望和你联系　　D. 要求他船减速

41. 机动船鸣放声号一长一短一长声，则表示________。
A. 我希望和你联系　　B. 要求来船同意我通过
C. 要求来船减速或者停车　　D. 同意你的要求

42. 机动船企图从帆船的右舷一侧水域超越上前，机动船应当鸣放两长一短声。
A. 对　　B. 错

43. 你船通过声号向他船提出避让要求后，听到他船回答一长一短一长一短声，则说明他船不同意你的避让要求。
A. 对　　B. 错

44. 追越船鸣放声号两长一短声，表示追越船正从前船右舷追越。
A. 对　　B. 错

45. 某吊拖船队行驶急弯航道时，拖船通知被拖船舶注意，应鸣放下列什么声号？
A. 一长一短声　　B. 一长两短声
C. 一长三短声　　D. 两长一短声

46. 我船已经减速，应当鸣放声号________。
A. 两短一长声　　B. 一短一长声
C. 一短一长一短声　　D. 一长三短声

47. 鸣放两短一长声适用于________。
A. 能见度不良的情况下　　B. 能见度良好的情况下
C. 追越时被越船发出的同意声号　　D. 追越时追越船发出的追越声号

48. 对准备掉头尚未行动船舶要求让我船先通过后再采取掉头的行动可鸣放________。
A. 一长一短声　　B. 一长两短一长声
C. 一短一长一短声　　D. 一短一长声

49. 当听到他船鸣放一长一短一长一短声时，表示________。
A. 我希望和你联系　　B. 同意你的要求
C. 要求来船等候我通过　　D. 要求他船减速或停车

50. 两机动船因距离逼近，一机动船对另一机动船避让意图和行动不理解，则应立即鸣放________。
A. 三短声　　B. 四短声
C. 五短声　　D. 连续发出急促短声

51. 两机动船对驶相遇，本船要求另一船左舷会船时，应鸣放________。
A. 一长一短声　　B. 一长两短声
C. 一短声　　D. 两短声

52. 你船通过声号向他船提出避让要求后，听到他船回答四短声，则表示他船________。
A. 同意你的避让要求　　B. 不同意你的避让要求
C. 怀疑你的避让要求　　D. 警告你的避让要求
53. 后船要求从前船右舷追越，如前船不同意追越，则前船应鸣放________。
A. 一短声　　B. 两短声
C. 四短声　　D. 一长一短一长一短声
54. 两机动船在追越过程中，被追越船当发现追越船过于逼近追越时，应鸣放下列哪种声号？
A. 一长声　　B. 五短声
C. 一长一短一长一短声　　D. 四短声
55. 两机动船相遇，构成紧迫局面时，甲船当对乙船的避让行动表示怀疑并警告对方注意，则应鸣放五短声。
A. 对　　B. 错
56. 两机动船对驶相遇，一船要求另一船互从左舷会船时，应鸣放下列什么声号？
A. 一长一短声　　B. 一长两短声
C. 一短声　　D. 两短声
57. 机动船对驶相遇时，要求从我右舷会船，应当鸣放________。
A. 一短声　　B. 四短声
C. 两短声　　D. 五短声
58. 机动船对驶相遇会绿灯，应鸣放________。
A. 一短声　　B. 两短声
C. 四短声　　D. 三短声
59. 后船要求从前船右舷追越，如前船同意后船追越，则前船应鸣放________。
A. 一短声　　B. 两短声
C. 四短声　　D. 一长一短一长一短声
60. 追越船要求从前船的左舷通过，则应鸣放________。
A. 两长一短声　　B. 两长两短声
C. 一长两短声　　D. 一长一短一长一短声
61. 你船通过声号向他船提出避让要求后，听到他船回答一长一短一长一短声，则说明他船________。
A. 同意你的避让要求　　B. 不同意你的避让要求
C. 将要转向　　D. 将要减速
62. 两机动船对驶相遇，鸣放声号两短声时，夜间连续显示________灯，白天在________挥动白色号旗，表示要求来船从我右舷会过。
A. 红闪光；左舷　　B. 红闪光；右舷
C. 绿闪光；左舷　　D. 绿闪光；右舷
63. 两机动船对驶相遇时，下行船（感潮河段的顺流船）鸣放一短声，如无特殊情况，上行船（感潮河段的逆流船）应回答一短声。
A. 对　　B. 错
64. 两机动船对驶相遇，上行船（感潮河段的逆流船）听到下行船（感潮河段的顺流船）鸣放的会船声号后,下述做法正确的是________。

A. 不必回答声号

B. 不必回答声号,但应采取相应的避让行动

C. 如无特殊情况,应当立即回答相应的会船声号

D. 应当同意来船的要求并回答相应的会船声号

65. 追越船发出追越声号后,表示追越船________。

A. 要求采取行动　　B. 已采取行动

C. 正在采取行动　　D. 已和被追越船平行行驶了

66. 两机动船对驶相遇,在鸣放会船声号的同时,夜间________配合使用红、绿闪光灯,白天________配合使用白色号旗。

A. 还应当;还应当　　B. 也可以;也可以

C. 还应当;也可以　　D. 也可以;还应当

67. 两机动船对驶相遇,鸣放声号一短声,夜间连续显示________灯,白天可在________挥动白色号旗,表示要求来船从我左舷会过。

A. 红闪光;左舷　　B. 红闪光;右舷

C. 绿闪光;左舷　　D. 绿闪光;右舷

68. 两机动船对驶相遇,下行船(感潮河段的顺流船)应当在相距________以上处谨慎考虑航道情况和周围环境,及早鸣放会船声号。

A. 1 km　　B. 2 km

C. 3 km　　D. 0.5 km

69. 白天看到他船在右舷挥动白色号旗,表示他船________。

A. 无法按照要求避让　　B. 要求来船减速

C. 向右转向　　D. 要求右舷会船

70. 根据《内河避碰规则》第四十四条(二)款规定,机动船发现人力船、帆船有碍本船航行,要求其让路,应当鸣放声号________。

A. 一组　　B. 两组

C. 三组　　D. 多组

71. 机动船表示"我船将要向右转弯进出干、支流交汇水域",应鸣放________。

A. 一短声　　B. 两短声

C. 一长一短声　　D. 一长两短声

72. 机动船进出干、支流交汇水域时,为表示"我船将要向右转弯",应鸣放一长一短声。

A. 对　　B. 错

73. 机动船进出叉河口时,表示"我船将要向左转弯",应鸣放一长两短声。

A. 对　　B. 错

74. 机动船进出叉河口时,正在向右转弯应鸣放一长一短声。

A. 对　　B. 错

75. 机动船驶经支流河口或者叉河口前鸣放一长声,其意图是________。

A. 要进入支流或叉河口　　B. 引起附近的他船注意

C. 向左转弯　　D. 向右转弯

76. 一长两短声不可能表示________。
    A. 机动船进出干、支流河口向左转弯
    B. 机动船向左掉头
    C. 机动船经过航道左侧支流河口、叉河口
    D. 机动船向左转弯进叉河口
77. 机动船与在航施工的工程船对驶相遇时,应在相距 1 千米以上处鸣放会船声号。
    A. 对　　B. 错
78. 机动船与在航施工的工程船对驶相遇时,应在相距 1 千米以上处鸣放什么声号?
    A. 一短声　　B. 两短声
    C. 一长声　　D. 两长声
79. 机动船与在航施工的工程船________,机动船应当鸣放声号一长声,待工程船发出会船声号后,机动船方可回答相应的会船声号,并谨慎通过。
    A. 相遇　　B. 对驶相遇
    C. 交叉相遇　　D. 追越
80. 根据《中华人民共和国内河避碰规则》第四十四条(四)款规定,机动船与在航施工的工程船对驶相遇,应当________鸣放会船声号。
    A. 机动船先　　B. 在航施工的工程船先
    C. 两船同时　　D. 视具体情况决定哪一船先
81. 在能见度不良时,在航的机动船应当每隔约________分钟鸣放声号一长声。
    A. 1　　B. 2
    C. 3　　D. 5
82. 在能见度不良时,在航的人力船、帆船、排筏应当________。
    A. 每隔约 1 分钟鸣放声号一长声
    B. 每隔约 2 分钟急敲号钟或其他有效响器约 5 秒
    C. 每隔约 2 分钟鸣放声号一长声
    D. 每隔约 1 分钟急敲号钟或其他有效响器约 5 秒
83. 在能见度不良时,锚泊的人力船、帆船在听到来船声号后,应当________。
    A. 每隔约 1 分钟急敲号钟或其他有效响器约 5 秒
    B. 每隔约 2 分钟急敲号钟或其他有效响器约 5 秒
    C. 不间断急敲号钟或其他有效响器,直到判断来船已对本船无碍为止
    D. 每隔约 1 分钟鸣放声号一长声
84. 锚泊的机动船、非自航船、排筏应当每隔约________急敲号钟或者其他有效响器约________。
    A. 1 分钟;10 秒　　B. 1 分钟;5 秒
    C. 5 分钟;10 秒　　D. 5 分钟;5 秒
85. 能见度不良时,锚泊的机动船应当每隔约 1 分钟鸣放声号一长声。
    A. 对　　B. 错
86. 在能见度不良的情况下航行,锚泊的机动船、非自航船、排筏,每隔约 1 分钟急敲号钟或者其他有效响器________。

A. 约 5 秒　　B. 约 10 秒

C. 约 15 秒　　D. 不间断地敲

87. 锚泊的人力船、帆船在听到来船声号后,应该________直到判断来船与本船无碍时止。

A. 每隔约 1 min 急敲号钟或者其他有效响器约 5 s

B. 每隔约 1 min 急敲号钟或者其他有效响器约 4~6 s

C. 每隔约 5 min 急敲号钟或者其他有效响器 1 min

D. 不间断地敲号钟或者其他有效响器

88. 只有在夜间才有必要进行 VHF 电话守听。

A. 对　　B. 错

89. 以下说法正确的是________。

A. 两船的避让意图经通话商定一致后,可以不按规则规定鸣放声号

B. 一船发出呼叫后,未闻回答,应当认为另一船已经默认

C. 按规则规定,一般先由让路船发出呼叫,通话时用语应当简短、明确

D. 在能见度不良的情况下航行,船舶应当用无线电话周期性地通报本船船位和动态

90. 驾驶人员使用 VHF 电话多次呼叫未闻回答,应当采取的行动是________。

A. 对方未听到,指派专人与其联系

B. 立即减速行驶,通过其他方式(如声号)表示和统一避让意图

C. 不用联系,注意对方就行了

D. 及早选择安全地点抛锚

91. 下列说法正确的是________。

A. 船舶在夜间航行时应当用 VHF 电话周期性地通报本船船位和动态

B. 两船的避让意图经过通话商定一致后,也可以鸣放规定声号

C. 一船发出呼叫后未闻回答,应当认为对方未设有无线电话设备

D. VHF 通话规定中,由于让路船要主动避让,所以一般由让路船提前主动联系

92. 配有 VHF 电话的船舶向另一船发出呼叫后,未闻回答,应当认为另一船________。

A. 未开无线电话设备　　B. 正在通话中

C. 未设有无线电话设备　　D. 无线电话不在同一频道

93.《中华人民共和国内河避碰规则》规定在航船舶用 VHF 电话进行通话时,一般________呼叫,通话时用语应当简短、明确。

A. 先由被让路船　　B. 先由让路船

C. 双方可同时进行　　D. 可视具体情况决定先由哪一方

94. 使用 VHF 电话时用语要求简短、明确。

A. 对　　B. 错

95. 船舶在航时,两船的避让意图经 VHF 电话通话商定一致后________。

A. 不用鸣放声号

B. 仍应当按规则的规定鸣放声号

C. 视情况而定是否鸣放声号

D. 用电话确定后,也可以鸣放规定的声号

第三节　遇险信号

1. 夜间看到下列信号，哪个不是遇险信号？
   A. 在船燃放火焰　　B. 垂直摇一盏白光灯
   C. 在船上摇红光手电筒　　D. 在船上摇红光灯
2. 任何船舶如见到他船遇险，________代发规定的求救信号。
   A. 应当
   B. 不应当
   C. 也可以
   D.《中华人民共和国内河避碰规则》没有明确规定
3. 下列哪些信号属于船舶遇险信号？
   A. 显示红光环照灯一盏　　B. 显示红光环照灯两盏
   C. 显示红光环照灯三盏　　D. 在船上燃放火焰
4. 下列哪些信号不是人力船、帆船的遇险信号？
   A. 白天摇红色号旗　　B. 白天悬挂一面白色号旗
   C. 夜间摇红光灯　　D. 夜间摇红光手电筒
5. 机动船遇险需要其他船舶救助时，不应在船上燃放火焰。
   A. 对　　B. 错
6. 遇险信号的分别使用与同时使用之间并无矛盾，其目的是表明船舶遇险，并引起他船注意和识别，尽快前来救助。
   A. 对　　B. 错
7. 关于遇险信号下面说法正确的是________。
   A. 船舶遇险需要其他船舶救助，只能使用一种遇险信号，以防止混淆
   B. 船舶遇险需要其他船舶救助，可以使用一种遇险信号或者同时使用几种遇险信号
   C. 庆祝活动时，船上可以燃放火焰
   D. 船舶遇险信号只能由遇险船舶发出
8. 下面属于遇险信号的是________。
   ①用号笛、号钟或者其他任何有效响器连续发出急促短声；②在船上燃放火焰；③人力船、帆船遇险时白天摇红色号旗，夜间摇红光灯或者红光手电筒
   A. ①②　　B. ①②③
   C. ②③　　D. ①③
9. 船舶遇见他船遇险时________。
   A. 可以代发求救信号，不需任何说明
   B. 可以代发求救信号，但应当说明遇险船舶的船名、位置
   C. 不可以代发求救信号，需遇险船舶自己发出求救信号
   D. 可以代发求救信号，但应当说明遇险船舶的船名、船东或船公司名称

第四节　常用国际信号旗

1. 在国际信号旗中，单字母信号用于通用部分。

A. 对　　B. 错

2. 信号旗共有________面________种颜色。

A. 40;3　　B. 26;5

C. 40;5　　D. 26;3

3. 内河船舶长度 30 米以上的机动船，每船至少应配备________国际信号旗。

A. 1 套　　B. 2 套

C. 3 套　　D. 4 套

4. 下图所示的信号旗代表的含义是________。

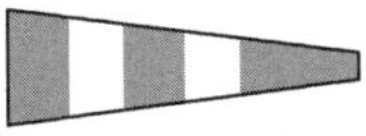

A. 数字 3　　B. 数字 5

C. 数字 0　　D. 回答旗

5. 下图所示的信号旗代表数字________。

A. 1　　B. 2

C. 3　　D. 4

6. 一套国际信号旗中，代旗有________面。

A. 40　　B. 10

C. 26　　D. 3

7. 字母旗"J"的含义是________。

A. 我船失火，并且船上有危险货物，请远离我

B. 请让开我，我正对拖作业

C. 我下面有潜水员，请慢速远离我

D. 当经过我时，你应慢速行驶

8. 字母旗"L"的含义是________。

A. 我船已停，并已没有对水速度　　B. 你应立即停船

C. 我船的机器正开倒车　　D. 我正在后退

9. 字母旗"B"的含义是________。

A. 我船没有染疫，请发给进口检疫证　　B. 我需要医疗援助

C. 我正在装卸或载运危险货物　　D. 请远离我

10. 字母旗"O"的含义是________。

A. 有人落水　　B. 有人从左舷落水

C. 有人从右舷落水　　D. 有人从船尾落水

11. 字母旗“Y”的含义是________。
A. 我船正在漂流　　B. 我船正在失火
C. 我船正在漏水　　D. 我船正在走锚

12. 字母旗“A”的含义是________。
A. 请让开我，我正在对拖作业　　B. 我需要立即援助
C. 我下面有潜水员，请慢速远离我　　D. 我船失火，并有危险货物，请远离我

13. 字母旗“U”的含义是________。
A. 你正在进入危险中　　B. 我船需要援助
C. 我需要立即援助　　D. 请远离我

14. 字母旗“D”的含义是“我操纵失灵，请与我通信”。
A. 对　　B. 错

15. 下图所示的信号旗代表的意义为________。
A. 我船下面有潜水员，请慢速远离我　　B. 我船正在装卸危险货物
C. 我船操纵困难，请让开我船　　D. 我船正在走锚

16. 字母旗“B”的含义是________。
A. 你正临近危险中　　B. 我需要医疗援助
C. 我正在对拖作业　　D. 我正在装卸或载运危险货物

17. 字母旗“D”的含义是________。
A. 我操纵失灵，请与我通信　　B. 请让开我，我操纵困难
C. 我希望与你通信　　D. 我准备启航

18. 字母旗“U”的含义是________。
A. 你正临近危险　　B. 我船需要援助
C. 我需要立即援助　　D. 请远离我

19. 字母旗“H”的含义是________。
A. 我正在对拖作业　　B. 有人落水
C. 我需要引航员　　D. 我船上有引航员

20. 双字母信号用于________。
A. 最紧急的部分　　B. 最重要的部分
C. 最常用部分　　D. 通用部分

21. 要求来船减速的船舶、排筏，白天悬挂________信号旗一组。
A. “RU”　　B. “RA”
C. “RY”　　D. “RN”

22. 字母旗“RU1”的含义是________。
A. 我准备启航　　B. 本船搁浅需要立即援助

C. 我正在试航　　D. 我需要立即援助

23. 字母旗“UY”的含义是________。

A. 我正在走锚　　B. 我正在测试速度

C. 我在演习，请避开我　　D. 我正前来援助你

24. 如图所示，船舶在桅杆上悬挂的信号旗表示________。

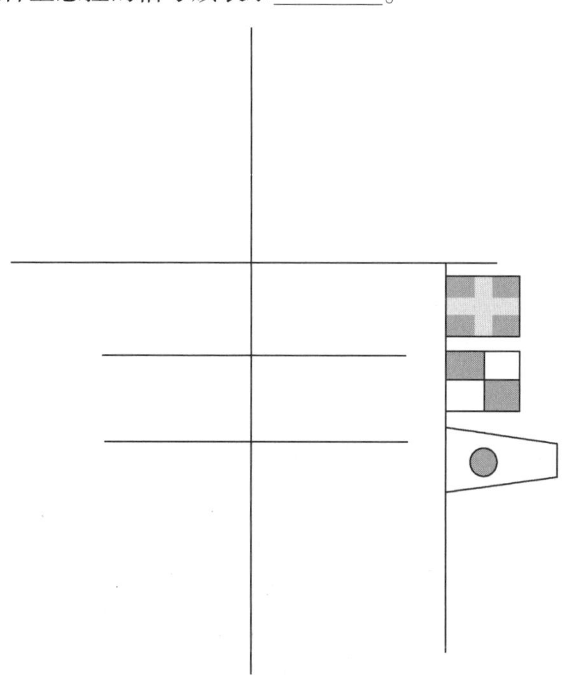

A. 我船正在试航　　B. 我船正在演习，请避让我

C. 我船正在校正磁罗经　　D. 我船需要援助

第一节　号灯和号型

1. D	2. C	3. C	4. A	5. C	6. A	7. C	8. A	9. B	10. C
11. B	12. B	13. C	14. D	15. C	16. A	17. C	18. C	19. D	20. A
21. D	22. C	23. A	24. B	25. A	26. B	27. B	28. B	29. A	30. D
31. D	32. A	33. B	34. B	35. D	36. D	37. D	38. B	39. D	40. C
41. B	42. B	43. A	44. B	45. C	46. A	47. A	48. B	49. B	50. A
51. D	52. C	53. A	54. A	55. B	56. B	57. A	58. B	59. C	60. A
61. B	62. C	63. B	64. C	65. C	66. A	67. B	68. A	69. A	70. B
71. A	72. A	73. A	74. B	75. A	76. C	77. B	78. A	79. C	80. D
81. B	82. C	83. D	84. A	85. A	86. D	87. C	88. D	89. C	90. B

91. A	92. A	93. C	94. B	95. D	96. C	97. D	98. C	99. A	100. B
101. B	102. B	103. A	104. A	105. C	106. A	107. B	108. D	109. D	110. C
111. D	112. B	113. D	114. C	115. C	116. C	117. B	118. B	119. A	120. C
121. D	122. B	123. C	124. C	125. A	126. B	127. B	128. A	129. C	130. D
131. D	132. B	133. D	134. A	135. B	136. A	137. A	138. B	139. B	140. A
141. A	142. C	143. D	144. A	145. C	146. C	147. D	148. C	149. C	150. B
151. D	152. A	153. C	154. C	155. B	156. B	157. A	158. C	159. A	160. B
161. B	162. A	163. D	164. C	165. B	166. B	167. B	168. A	169. D	170. D
171. B	172. C	173. A	174. A	175. D	176. D	177. B	178. C	179. C	180. B
181. C	182. B	183. B	184. C	185. C					

第二节　声响信号

1. D	2. D	3. D	4. D	5. D	6. B	7. D	8. C	9. D	10. B
11. C	12. B	13. A	14. C	15. A	16. C	17. A	18. A	19. A	20. A
21. D	22. B	23. D	24. C	25. B	26. A	27. A	28. B	29. A	30. A
31. B	32. D	33. B	34. D	35. B	36. B	37. B	38. A	39. C	40. A
41. A	42. B	43. B	44. B	45. C	46. B	47. A	48. B	49. B	50. C
51. C	52. B	53. C	54. B	55. A	56. C	57. C	58. B	59. D	60. B
61. A	62. D	63. A	64. C	65. A	66. C	67. A	68. A	69. D	70. B
71. C	72. A	73. A	74. A	75. B	76. C	77. B	78. C	79. B	80. B
81. A	82. D	83. C	84. B	85. B	86. A	87. D	88. B	89. D	90. B
91. C	92. C	93. A	94. A	95. B					

第三节　遇险信号

1. B	2. C	3. D	4. B	5. B	6. A	7. B	8. B	9. B

第四节　常用国际信号旗

1. B	2. C	3. A	4. D	5. A	6. D	7. A	8. B	9. C	10. A
11. D	12. C	13. A	14. B	15. D	16. D	17. B	18. A	19. D	20. D
21. C	22. C	23. C	24. A						

第十一章　多媒体试题

（以下为多媒体试题，未提供视频，仅作为题型参考）

第一节　规则第5条所列用语的定义

1. {视频}根据视频中船舶的动态，判断甲、乙两船的相对关系是________。
   A. 追越　　B. 交叉相遇
   C. 各自顺航道行驶　　D. 尾随行驶
2. {视频}判断视频中两船相遇的水域是________。
   A. 感潮河段　　B. 叉河口
   C. 干、支流交汇水域　　D. 平流水域
3. {视频}判断视频中两船相遇的水域是________。
   A. 感潮河段　　B. 叉河口
   C. 干、支流交汇水域　　D. 平流水域
4. {视频}根据视频中船舶动态，判断属于船队的是________艘船舶。
   A. 0　　B. 1
   C. 2　　D. 3
5. {视频}根据视频中船舶动态，判断属于《内规》所定义的船舶的是________。
   A. 甲船　　B. 乙船
   C. 丙船　　D. 甲、乙、丙船
6. {视频}根据视频中船舶动态，判断乙、丙两船的相遇局面是________。
   A. 追越　　B. 尾随行驶
   C. 对驶相遇　　D. 叉河口相遇
7. {视频}根据视频中船舶动态，判断属于顺航道行驶的是________艘船舶。
   A. 0　　B. 1
   C. 2　　D. 3
8. {视频}视频中船舶在感潮河段界线以上水域相遇，属于顺航道行驶的是________。
   A. 红船　　B. 蓝船
   C. 绿船　　D. 红船、绿船、蓝船
9. {视频}视频中共有________机动船。
   A. 1 艘　　B. 2 艘
   C. 3 艘　　D. 不能确定
10. {视频}根据视频中船舶的动态，判断船舶属于在航的是________艘。

A. 0　　B. 1
C. 2　　D. 3

第二节　正规瞭望

1. {视频}视频中需要保持正规瞭望的船舶是________。
A. 甲船、乙船　　B. 乙船、丙船
C. 甲船、丙船　　D. 甲船、乙船、丙船
2. {视频}根据视频中船舶的动态，判断应当保持正规瞭望的是________艘船舶。
A. 0　　B. 1
C. 2　　D. 3

第三节　安全航速

1. {视频}视频中三艘船舶中应当以安全航速行驶的是________。
A. 甲船、乙船　　B. 乙船、丙船
C. 甲船、丙船　　D. 甲船、乙船、丙船
2. {视频}根据视频中船舶动态和显示的旗号，甲船采取的不正确行动是________。
A. 及早控制航速　　B. 保持较开距离
C. 避免在此会船　　D. 加速驶离

第四节　航行原则

1. {视频}视频中长江安徽段实施船舶定线制，甲、乙两船的航路选择是否正确？
A. 甲、乙均正确　　B. 甲、乙均错误
C. 甲错误，乙正确　　D. 甲正确，乙错误
2. {视频}视频中船舶在实施定线制水域相遇，存在碰撞危险，应当遵循的原则是________。
A. 平潮时，上行船让下行船
B. 涨潮时，逆流船让顺流船
C. 有他船在本船右舷者，应当给他船让路
D. 根据船舶定线制规定航行与避让

第五节　避让原则

1. {视频}视频中甲、乙两船在感潮河段相遇，存在碰撞危险，正确的避让行动为________。
A. 甲船让乙船，向左避让　　B. 甲船让乙船，向右避让
C. 乙船让甲船，向左避让　　D. 乙船让甲船，向右避让
2. {视频}视频中甲船看到丙船显示的信号可采取________。
A. 鸣放声号警告　　B. 转向对其船尾

C. 要求乙船让路　　D. 采取减速行动

3. {视频}当甲船看到丙船显示的信号,可采取________等避让行动。

A. 加速通过　　B. 向右避让

C. 保速保向　　D. 减速、停车,必要时倒车

4. {视频}视频中甲、乙两船相遇存在碰撞危险,避让原则是________。

A. 甲船应当避让乙船,乙船应当协助避让

B. 甲船应当避让乙船,乙船无避让义务

C. 乙船应当避让甲船,甲船应当协助避让

D. 乙船应当避让甲船,甲船无避让义务

第六节　避让行动

1. {视频}视频中蓝船与绿船是对驶相遇。

A. 对　　B. 错

2. {视频}视频中船舶相遇,红船与黑船是对驶相遇。

A. 对　　B. 错

3. {视频}视频中两船构成________。

A. 不能确定　　B. 交叉相遇

C. 对驶相遇　　D. 横越

4. {视频}根据视频中船舶动态,判断与本船形成对遇局面的有________。

A. 一艘船　　B. 两艘船

C. 三艘船　　D. 无法确定

5. {视频}根据视频中船舶动态,可以判断蓝船与绿船是对驶相遇。

A. 对　　B. 错

6. {视频}视频中船舶相遇存在碰撞危险,绿船应当主动避让红船。

A. 对　　B. 错

7. {视频}视频中船舶在感潮河段界线以上水域相遇,存在碰撞危险,必要时蓝船、绿船在弯曲航道下方等候红船驶过。

A. 对　　B. 错

8. {视频}视频中船舶在感潮河段相遇,存在碰撞危险。恰逢涨潮时,甲船、乙船应当主动避让丙船。

A. 对　　B. 错

9. {视频}视频中船舶在感潮河段相遇,存在碰撞危险。恰逢涨潮时,你船应当主动避让来船,左舷会船。

A. 对　　B. 错

10. {视频}视频中乙船照射灯光的目的是引起他船注意。

A. 对　　B. 错

11. {视频}视频中船舶在感潮河段相遇存在碰撞危险,甲船应当主动避让乙船。

A. 对　　B. 错

12. ｛视频｝视频中三船相遇存在碰撞危险，绿船应当主动避让红船。

A. 对　　B. 错

13. ｛视频｝根据视频中船舶动态，可以判断船舶相互之间的关系是________。

A. 蓝船与绿船是两船对驶相遇　　B. 红船与蓝船是两横越船相遇

C. 红船与绿船是两横越船相遇　　D. 蓝船与绿船是两船交叉相遇

14. ｛视频｝视频中船舶相遇存在碰撞危险，避让关系是________。

A. 绿船让红船，单船让船队

B. 绿船让蓝船，单船让船队

C. 绿船让蓝船，上行让下行

D. 绿船让红船，有他船在本船右舷者，应当给他船让路

15. ｛视频｝视频中蓝、绿两船为对驶相遇，存在碰撞危险，避让关系是________。

A. 绿船让红船，单船让船队

B. 绿船让蓝船，单船让船队

C. 绿船让蓝船，上行让下行

D. 绿船让红船，有他船在本船右舷者，应当给他船让路

16. ｛视频｝视频中船舶在水流较平缓的运河相遇，存在碰撞危险，正确的避让关系是________。

A. 蓝船让红船　　B. 红船让蓝船

C. 蓝船让绿船　　D. 红船让绿船

17. ｛视频｝视频中船舶在感潮河段界限以上水域相遇，存在碰撞危险，正确的避让关系是________。

A. 红船让蓝船　　B. 红船让绿船

C. 蓝、绿船让红船　　D. 红船让蓝、绿船

18. ｛视频｝视频中船舶在感潮河段相遇，存在碰撞危险，正确的避让关系是________。

A. 落潮时，甲船让乙船　　B. 乙船让甲船

C. 涨潮时，乙船让丙船　　D. 无论涨、落潮，甲船、乙船都应让丙船

19. ｛视频｝视频中船舶在感潮河段相遇，判断甲船是________。

A. 上行、顺流船　　B. 上行、逆流船

C. 下行、顺流船　　D. 下行、逆流船

20. ｛视频｝视频中船舶在感潮河段相遇存在碰撞危险，正确的避让关系是________。

A. 乙船让甲船　　B. 甲船让乙船

C. 乙船让丙船　　D. 甲船让丙船

21. ｛视频｝视频中船舶在平流区域相遇存在碰撞危险，正确的避让关系是________。

A. 红船让蓝船　　B. 红船让绿船

C. 绿船让蓝船　　D. 蓝船让红船

22. ｛视频｝视频中船舶在感潮河段界线以上水域相遇，存在碰撞危险，下列关于避让行动描述错误的是________。

A. 应当按规定鸣放声号

B. 夜间也可以用探照灯向上空照射以引起他船注意

C. 红船必须等候蓝船、绿船驶过

D. 必要时蓝船、绿船在弯曲航道下方等候红船驶过

23. {视频}视频中船舶在感潮河段相遇存在碰撞危险,正确的避让关系是________。

A. 乙船让甲船　　B. 丙船让甲船、乙船

C. 甲船让丙船　　D. 乙船让丙船

24. {视频}视频中红船和绿船在平流区域相遇,存在碰撞危险,应按照________的原则避让。

A. 有他船在本船右舷者,应当给他船让路

B. 单船让船队

C. 逆流船避让顺流船

D. 上行船避让下行船

25. {视频}视频中船舶在水流较平缓的运河相遇,存在碰撞危险,正确的避让关系是________。

A. 红船让绿船、蓝船　　B. 蓝船让红船

C. 绿船让红船、蓝船　　D. 蓝船让绿船

26. {视频}视频中为平流区域,绿船出支流与他船相遇,存在碰撞危险,下列关于避让关系描述不正确的是________。

A. 红船让蓝船　　B. 蓝船让红船

C. 绿船让蓝船　　D. 红船让绿船

27. {视频}视频中船舶在感潮河段相遇,存在碰撞危险。恰逢涨潮时,正确的避让行动是________。

A. 你船让来船,左舷会船　　B. 你船让来船,右舷会船

C. 来船让你船,左舷会船　　D. 来船让你船,右舷会船

28. {视频}视频中船舶在感潮河段界限以上相遇,存在碰撞危险。正确的避让行动是________。

A. 你船让来船,左舷会船　　B. 你船让来船,右舷会船

C. 来船让你船,左舷会船　　D. 来船让你船,右舷会船

29. {视频}视频中乙船照射灯光的目的是________。

A. 引起他船注意　　B. 要以左舷会船

C. 表示"我是吊拖船队"　　D. 表示"我船操纵能力受到限制"

30. {视频}根据视频中船舶动态,下列关于船舶相遇局面描述错误的是________。

A. 甲船追越乙船　　B. 乙船尾随丙船行驶

C. 甲船追越丙船　　D. 甲船、丙船交叉相遇

31. {视频}根据视频中甲、乙两船相遇过程,下列描述正确的是________。

A. 甲船追越乙船

B. 甲船先追越乙船,乙船后尾随甲船行驶

C. 甲船先追越乙船,然后横越乙船

D. 甲、乙两船交叉相遇

32. {视频}下列关于视频中甲、乙两船避让行动描述正确的是________。

A. 在船闸引航道禁止追越或并列行驶

B. 甲船不鸣放声号,乙船可认为同意追越
C. 甲船无避让责任
D. 甲船应当保持原航向、航速

33. {视频}根据视频,下列说法正确的是________。
A. 桥梁水域禁止追越或并列行驶
B. 绿船不鸣放回答声号,蓝船可认为同意追越
C. 绿船无避让责任
D. 绿船应当采取减速避让行动

34. {视频}视频中两船相遇存在碰撞危险,下列关于避让行动描述正确的是________。
A. 货船追越时应当主动避让客船
B. 客船必须避让顺航道行驶的货船
C. 货船追越地点选择正确
D. 双方应各自向右避让

35. {视频}视频中两船在狭窄河段相遇且存在碰撞危险,货船应采取的行动是________。
A. 鸣放声号,同意追越
B. 鸣放声号,不同意追越
C. 保持原航速和航向
D. 不回答客船声号

36. {视频}根据视频中船舶动态,判断甲、乙两船的相遇局面是________。
A. 追越
B. 交叉相遇
C. 尾随行驶
D. 横越

37. {视频}根据视频中船舶动态,判断甲、乙两船的相遇局面是________。
A. 追越
B. 横越船相遇
C. 交叉相遇
D. 对驶相遇

38. {视频}根据视频中船舶动态,判断甲、乙两船的相对关系是________。
A. 对驶相遇
B. 横越船相遇
C. 交叉相遇
D. 顺航道行驶

39. {视频}视频中船舶在感潮河段界线以上水域相遇,存在碰撞危险,正确的避让关系是________。
A. 绿船让红船、黑船
B. 红船让蓝船、绿船
C. 黑船让红船、绿船
D. 蓝船让红船、绿船

40. {视频}视频中船舶在感潮河段界线以上水域相遇,存在碰撞危险,正确的避让关系是________。
A. 绿船让红船、黑船
B. 红船让黑船
C. 红船让蓝船
D. 黑船让红船、绿船

41. {视频}视频中船舶在水流较平缓的运河相遇,存在碰撞危险,正确的避让关系是________。
A. 绿船让红船
B. 红船让黑船
C. 红船让蓝船
D. 黑船让红船、绿船

42. {视频}视频中船舶在感潮河段界线以上水域相遇,存在碰撞危险,需要主动避让其他三船的是________。
A. 红船
B. 蓝船
C. 绿船
D. 黑船

43. {视频}视频中船舶相遇存在碰撞危险,一定是让路船的是________。

A. 丙船　　B. 乙船

C. 甲船　　D. 丁船

44. {视频}视频中船舶在感潮河段界线以上水域相遇,存在碰撞危险,甲船应当主动避让乙船、丙船。

A. 对　　B. 错

45. {视频}视频中船舶在水流较平缓的运河相遇,存在碰撞危险,蓝船应当避让红船。

A. 对　　B. 错

46. {视频}视频中船舶在水流较平缓的运河相遇,存在碰撞危险,正确的避让关系是________。

A. 蓝船让绿船　　B. 绿船让蓝船

C. 蓝船让红船　　D. 蓝船让红船、绿船

47. {视频}视频中船舶在水库相遇存在碰撞危险,正确的避让关系是________。

A. 乙船让甲船　　B. 甲船让乙船

C. 丙船让乙船　　D. 乙船让丙船、甲船

48. {视频}视频中船舶在水库相遇存在碰撞危险,甲船应当避让乙船。

A. 对　　B. 错

49. {视频}视频中船舶在平流区域相遇,存在碰撞危险,正确的避让关系是________。

A. 红船让蓝船　　B. 蓝船让红船

C. 蓝船让绿船　　D. 红船让绿船

50. {视频}视频中船舶在平流区域相遇,存在碰撞危险,红船应当主动避让蓝船。

A. 对　　B. 错

51. {视频}视频中船舶在平流区域相遇,存在碰撞危险,下列对避让关系的描述中不正确的是________。

A. 红船让蓝船　　B. 蓝船让绿船

C. 绿船让红船　　D. 绿船让蓝船

52. {视频}视频中甲、乙两船相遇存在碰撞危险,下列说法正确的是________。

A. 乙船避让甲船

B. 甲船避让乙船

C. 两船应按照上行船让下行船的原则避让

D. 两船应按照逆流船让顺流船的原则避让

53. {视频}视频中船舶在感潮河段界线以上水域相遇,存在碰撞危险,正确的避让关系是________。

A. 甲船避让乙船、丙船　　B. 乙船、丙船避让甲船

C. 丙船避让甲船,甲船避让乙船　　D. 乙船避让甲船,甲船避让丙船

54. {视频}视频中船舶在感潮河段界线以上水域相遇,存在碰撞危险,丙船应当让乙船。

A. 对　　B. 错

55. {视频}视频中船舶在水流较平缓的运河水域相遇,存在碰撞危险,红船应当主动避让蓝船。

A. 对　　　　B. 错

56. {视频}视频中在水库两船交叉相遇,存在碰撞危险,红船应当主动避让蓝船。

A. 对　　　　B. 错

57. {视频}视频中船舶在平流区域相遇,存在碰撞危险,蓝船应该不妨碍红船。

A. 对　　　　B. 错

58. {视频}视频中船舶在平流区域相遇,存在碰撞危险,蓝船应当主动避让红船。

A. 对　　　　B. 错

59. {视频}视频中船舶在感潮河段相遇,存在碰撞危险,恰逢涨潮时,甲船应当主动避让乙船。

A. 对　　　　B. 错

60. {视频}根据视频中船舶动态,下列关于船舶相互之间的关系描述不正确的是________。

A. 甲船追越乙船　　　　B. 乙船尾随丙船行驶

C. 甲船追越丙船　　　　D. 甲船尾随乙船行驶

61. {视频}根据视频中船舶动态,乙船应当与丙船保持________的距离。

A. 适当　　　　B. 1000 米

C. 2 倍船长　　　　D. 1 倍船长

62. {视频}根据视频中船舶动态,甲船与乙船应当保持________距离。

A. 适当　　　　B. 150 米

C. 两倍船长　　　　D. 三倍船宽

63. {视频}根据视频中船舶动态,判断你船与前船的关系是________。

A. 横越　　　　B. 尾随行驶

C. 追越　　　　D. 交叉相遇

64. {视频}根据视频中船舶动态,判断你船应与前船保持________距离。

A. 不少于 1000 米　　　　B. 3 倍船长

C. 适当　　　　D. 150 米

65. {视频}视频中船队和单船相遇,存在碰撞危险,应按照________的原则避让。

A. 有他船在本船右舷者,应当给他船让路

B. 单船让船队

C. 逆流船避让顺流船

D. 上行船避让下行船

66. {视频}视频中船舶在感潮河段界线以上水域相遇,应当采取的避让行动为________。

A. 红船应当尽可能地绕开支流河口　　　　B. 绿船是横越船,不得妨碍红船航行

C. 蓝船是横越船,不得妨碍红船航行　　　　D. 蓝船应当主动避让绿船

67. {视频}视频中船舶在感潮河段界线以上水域相遇,存在碰撞危险,下列关于船舶避让关系的描述不正确的是________。

A. 红船让蓝船　　　　B. 红船让绿船

C. 蓝船让红船　　　　D. 红船让蓝船、绿船

68. {视频}视频中蓝船和红船在水流较平缓的运河相遇,存在碰撞危险,应按照________的要求避让。

A. 有他船在本船右舷者,应当给他船让路

B. 上行船避让下行船

C. 逆流船避让顺流船

D. 单船避让船队

69. {视频}视频中船舶在感潮河段界线以上水域相遇,存在碰撞危险,需要主动避让另外两船的是________。

A. 红船　　B. 蓝船

C. 绿船　　D. 不能确定

70. {视频}视频中三船相遇,存在碰撞危险,关于避让关系描述不正确的是________。

A. 红船让蓝船　　B. 绿船让红船

C. 蓝船让绿船　　D. 绿船让蓝船

71. {视频}视频中三船相遇,存在碰撞危险,正确的避让关系是________。

A. 绿船让红船　　B. 蓝船让红船

C. 绿船让蓝船　　D. 红、绿船让蓝船

72. {视频}视频中船舶在平流区域相遇存在碰撞危险,正确的避让关系是________。

A. 绿船让红船　　B. 红船让绿船

C. 蓝船让绿船　　D. 蓝船让红船

73. {视频}视频中船舶在平流区域相遇存在碰撞危险,正确的避让关系是________。

A. 红船让蓝船　　B. 红船让绿船

C. 绿船让蓝船　　D. 蓝船让红船

74. {视频}视频中船舶在平流区域相遇存在碰撞危险,正确的避让关系是________。

A. 绿船让红船　　B. 红船让绿船

C. 绿船让蓝船　　D. 蓝船让红船

75. {视频}视频中船舶相遇存在碰撞危险,下列关于避让关系描述不正确的是________。

A. 红船让蓝船　　B. 绿船让红船

C. 蓝船让绿船　　D. 绿船让蓝船

76. {视频}视频中船舶在非感潮河段相遇,存在碰撞危险,正确的避让关系是________。

A. 蓝船让红船、绿船　　B. 红船让蓝船、绿船

C. 绿船让红船、蓝船　　D. 绿船让红船

77. {视频}视频中船舶在非感潮河段相遇,存在碰撞危险,不承担主动让路责任的是________。

A. 蓝船　　B. 绿船

C. 红船　　D. 不能确定

78. {视频}视频中船舶在非感潮河段相遇,存在碰撞危险,正确的避让关系是________。

A. 蓝船让红船、绿船　　B. 红船让蓝船、绿船

C. 绿船让红船、蓝船　　D. 绿船让红船

79. {视频}甲、乙、丙三船在叉河口相遇,避让关系分别是________。

A. 甲让乙、丙,乙让丙　　B. 乙让甲、丙,甲让丙

C. 丙让甲、乙,甲让乙　　D. 甲让乙、丙,丙让甲

80. {视频}视频中船舶在感潮河段界线以上水域相遇，存在碰撞危险，正确的避让关系是________。

A. 红船让蓝船　　B. 蓝船让绿船

C. 绿船让红船　　D. 蓝船让红船、绿船

81. {视频}视频中船舶在感潮河段界线以上水域相遇，存在碰撞危险，需要主动避让其他两船的是________。

A. 红船　　B. 蓝船

C. 绿船　　D. 不能确定

82. {视频}视频中船舶在感潮河段界线以上水域相遇，存在碰撞危险，正确的避让关系是________。

A. 红船、绿船让蓝船　　B. 红船、蓝船让绿船

C. 蓝船、绿船让红船　　D. 蓝船让绿船

83. {视频}视频中船舶在感潮河段界线以上水域相遇，存在碰撞危险，仅承担被让船责任的是________。

A. 红船　　B. 绿船

C. 蓝船　　D. 不能确定

84. {视频}视频中船舶在感潮河段界线以上水域相遇，存在碰撞危险，正确的避让关系是________。

A. 红船让蓝船　　B. 绿船让蓝船

C. 绿船让红船　　D. 蓝船让红船、绿船

85. {视频}视频中船舶在感潮河段相遇，存在碰撞危险，正确的避让关系是________。

A. 乙船让甲船　　B. 甲船让乙船

C. 乙船让丙船　　D. 丙船让甲船

86. {视频}视频中甲船与丙船相遇，存在碰撞危险，避让关系是________。

A. 甲船主动让丙船，按照丙船会让意图避让

B. 丙船主动让甲船，按照甲船会让意图避让

C. 两船协商互让，各自向右避让

D. 甲船必须让丙船，丙船无避让义务

87. {视频}视频中甲船与丙船相遇，存在碰撞危险，避让关系是________。

A. 甲船主动让丙船

B. 丙船主动让甲船

C. 两船协商互让，各自向右避让

D. 甲船必须让丙船，丙船无避让义务

88. {视频}视频中船舶在感潮河段界线以上水域相遇，存在碰撞危险。下列关于避让关系描述正确的是________。

A. 甲船是工程船，乙船、丙船应主动避让

B. 甲船是横越船，应当主动避让乙船、丙船

C. 乙船是下行船,应当避让丙船

D. 丙船是上行船,应当避让乙船

89. {视频}视频中船舶在感潮河段相遇,存在碰撞危险,正确的避让关系是________。

A. 乙船让甲船　　B. 甲船让乙船

C. 甲船让丙船　　D. 乙船让丙船

90. {视频}视频中船舶在感潮河段相遇,存在碰撞危险,正确的避让行动是________。

A. 乙船是横越船,应当主动避让甲船、丙船

B. 甲船是逆流船,应当主动避让乙船、丙船

C. 丙船是顺流船,应当协助避让甲船、乙船

D. 甲船、丙船应当主动避让乙船

91. {视频}视频中船舶相遇存在碰撞危险,仅承担被让路船责任的是________。

A. 甲船　　B. 乙船

C. 丙船　　D. 丁船

92. {视频}根据视频中船舶动态,正确的避让行动为________。

A. 甲船应当主动避让乙船　　B. 乙船应当主动避让甲船

C. 乙船无避让责任　　D. 甲船可不鸣放声号

93. {视频}视频中船舶相遇存在碰撞危险,下列避让关系描述不正确的________。

A. 甲船让丁船　　B. 丁船让丙船

C. 丙船让乙船　　D. 乙船让甲船

94. {视频}根据显示的号型判断甲船是________。

A. 锚泊作业船　　B. 掉头作业船

C. 主机故障船　　D. 限于吃水船

95. {视频}根据视频中船舶的动态,下列描述错误的是________。

A. 乙船应当保持正规瞭望

B. 甲船按规定鸣放声号后,方可操作

C. 丙船应当减速等候或者绕开甲船行驶

D. 丙船应当主动避让甲船,甲船无避让义务

96. {视频}当你船看到前船显示的号灯且前船有碍本船航行,应当采取的行动是________。

A. 加速通过　　B. 向右避让

C. 保速保向　　D. 减速或绕开前方船舶

97. {视频}视频中甲船发现乙船有碍本船航行,要求其让路时,应当鸣放声号________。

A. 一长声,外加一短声　　B. 一长一短一长声

C. 两长两短声　　D. 一短一长声

第七节　能见度不良时的行动及其他

1. {视频}视频中通过雷达判断与丙船存在碰撞危险,甲船应当________。

A. 鸣放声号一短声，向右转向
B. 鸣放声号两短声，向左转向
C. 鸣放声号三短声，倒车
D. 及早与丙船联系，采取协调一致的避让行动

2. ｛视频｝视频中甲船鸣放的声号表示________。
A. 从来船右舷追越　　B. 希望和乙船联系
C. 我已减速　　D. 我将离泊，向左掉头

3. ｛视频｝根据视频中红、绿、蓝三船的动态，判断三船避让关系正确的是________。
A. 绿船应当主动避让红船　　B. 红船不得妨碍蓝船航行
C. 红船鸣放声号后，蓝船应当加速通过　　D. 蓝船应当保持航向及航速

4. ｛视频｝视频中船舶相遇存在碰撞危险，下列关于避让关系的描述，正确的是________。
A. 丙船不得妨碍甲船航行　　B. 乙船不得妨碍甲船航行
C. 乙船应当及早选择安全地点锚泊　　D. 乙船应当主动避让甲船

5. ｛视频｝当乙船看到甲船显示的信号，应当采取的行动是________。
A. 加速通过　　B. 向右避让
C. 保速保向　　D. 与甲船保持距离，并谨慎通过

6. ｛视频｝根据视频中乙船显示的信号，判断乙船________。
A. 要求来船减速　　B. 水下有潜水员作业
C. 要求从左舷会船　　D. 遇险需要救助

7. ｛视频｝视频中乙船显示的信号表示________。
A. 要求减速　　B. 不能按照要求避让
C. 我船遇险，请求救助　　D. 不同意你的要求

8. ｛视频｝根据视频中乙船显示的信号，判断乙船________。
A. 遇险需要救助　　B. 不能按照机动船要求避让
C. 要求他船减速　　D. 统一机动船要求

9. ｛视频｝视频中甲船看到乙船显示的信号应当采取________。
A. 鸣放声号警告　　B. 转向对其船尾
C. 转向对其航道　　D. 救助措施，也可以代发遇险信号

第一节　规则第 5 条所列用语的定义

1. C　2. B　3. B　4. C　5. D　6. D　7. B　8. D　9. C　10. C

第二节　正规瞭望

1. D　2. D

第三节　安全航速

1. C　2. D

第四节　航行原则

1. A　2. D

第五节　避让原则

1. D　2. D　3. D　4. C

第六节　避让行动

1. A　2. B　3. C　4. A　5. A　6. B　7. A　8. B　9. B　10. A
11. A　12. B　13. A　14. B　15. B　16. A　17. C　18. A　19. A　20. B
21. A　22. C　23. C　24. B　25. A　26. A　27. C　28. A　29. A　30. D
31. A　32. A　33. A　34. A　35. B　36. D　37. B　38. B　39. A　40. A
41. A　42. C　43. B　44. A　45. B　46. A　47. B　48. A　49. A　50. A
51. B　52. A　53. A　54. B　55. A　56. A　57. A　58. B　59. B　60. D
61. A　62. A　63. B　64. C　65. A　66. A　67. C　68. A　69. A　70. D
71. A　72. A　73. A　74. A　75. D　76. A　77. B　78. A　79. A　80. A
81. A　82. A　83. C　84. A　85. B　86. A　87. A　88. B　89. B　90. D
91. B　92. A　93. C　94. B　95. D　96. D　97. A

第七节　能见度不良时的行动及其他

1. D　2. D　3. B　4. A　5. D　6. D　7. C　8. A　9. D